巻頭言

是枝喜代治（　　　　　　　部　　祉支援学科）

今年の4月2日に開催される世界自閉症啓発デーのスローガンは「みんなたいせつ こせい とくせい たようせい」です。自閉症や発達障害のある人の個性を尊重しながら、一律ではない、一人ひとりの特性に寄り添って前に進んでいこうとする意図が垣間見えます。

世界自閉症啓発デーは、毎年4月2日を自閉症（ASD）のある人への啓発を目的として国連総会が認めた記念日です。日本でも厚生労働省や関連団体が協力して、幅広い啓発活動が進められ、本学会もこの活動に協力してきました。これを契機として4月2日とその後の発達障害啓発週間（4月2日〜8日）の活動のみで終わらせずに、ASDや発達障害のある人が持つ個性、多様性を互いに認め合える社会の実現に向けた日頃からの取り組みが求められます。ASDや発達障害に対する認識は、社会全体として未だ十分に理解されているとは言い難い状況にあります。ASDや発達障害のことをより適切に理解していただく一つの機会になればと思います。

さて、本号についてですが、今回も大変興味深い有意義で実践的な論文（計7本）が掲載されています。原著論文は発達障害児をもつ親の心理的ストレスに関する研究で、統計手法も適切に行われており、とても質の高い内容と考えられます。実践研究は集団ゲーム場面におけるASD児の自己コントロールに関する研究、発達障害児を育てる母親の精神的健康の改善に関する研究、知的障害とASDを併せる児童のピアノ演奏の上達を目指した研究、自立活動の指導目標の設定に関する教員の研修効果を検討した研究など、実践現場に活かせる幅広い内容の研究が掲載されています。実践報告は重度の知的障害を併せるASD児を対象とした質問への応答指導、特別支援学級の児童に対するローマ字の指導法を検討した報告が掲載に至りました。それぞれ学校や療育の現場、母親・家族支援に携わる方々にとって大変参考となる貴重な研究内容でしょう。

近年、本誌に投稿される論文の傾向として、特別支援学校や特別支援学級などの学校現場におけるASDや発達障害児を対象とした実践研究・実践報告が増えつつあります。文部科学省の調査（2022年12月）によれば、通常の学級に在籍する発達障害などの可能性のある児童生徒の割合は8.8%という報告があり、10年前の調査（6.6%）と比べて顕著な増加の傾向が示されています。母集団などが異なるため単純比較は行えませんが、インクルーシブ教育の理念の普及と合わせて、今後は通常の学級に在籍するASDや発達障害を含む特別なニーズのある児童生徒への支援や対応が、より強く求められていくことが考えられます。

今後もASDや発達障害、その近接領域に関連する多様な研究論文が投稿されることを期待しています。

Contents |目次|

The Japanese Journal of Autistic Spectrum

自閉症スペクトラム研究

第20巻　第2号
February　2023

The Japanese Journal of Autistic Spectrum 2023, Vol.20-2, 5-12

原著

ABCX モデルに基づく発達障害児をもつ親の心理的危機に家族レジリエンス及び認知的評価が与える影響の検討

Influence of family resilience and cognitive appraisal on psychological crisis experienced by parents of children with developmental disabilities examined using the ABCX model

鈴木田　英里（神戸大学大学院人間発達環境学研究科）
Eri Suzukida（*Graduate School of Human Development and Environment, Kobe University*）

山根　隆宏（神戸大学大学院人間発達環境学研究科）
Takahiro Yamane（*Graduate School of Human Development and Environment, Kobe University*）

■**要旨**：本研究は ABCX モデルを用いて発達障害児をもつ親の心理的危機に家族レジリエンス及び認知的評価が与える影響について検討した。発達障害児をもつ父母 144 名を対象に質問紙調査またはオンライン調査を実施した。その結果、親の心理的ストレスは養育ストレッサー及び脅威性の評価と正の関連、コントロール可能性と負の関連を示し、親の精神的健康は家族レジリエンス及びコントロール可能性と正の関連を示した。また、家族の適応性は養育ストレッサーと負の関連、家族レジリエンスと正の関連を示した。養育ストレッサー、家族レジリエンス、認知的評価それぞれの二次の交互作用の有意な効果はみられなかった。以上の結果から、ABCX モデルに基づく発達障害児をもつ親の心理的危機は養育ストレッサー、家族レジリエンス、認知的評価が相互作用することによって低減するという仮説は支持されなかったが、親の心理的危機に家族レジリエンス及び養育ストレッサーに対する認知的評価が影響を与えていることが示唆された。

■**キーワード**：発達障害児、親、家族レジリエンス、心理的危機、ABCX モデル

Ⅰ．問題と目的

　発達障害とは、DSM-5（American Psychiatric Association, 2013）においては神経発達症群に分類され、発達期に起源をもつ病態群であり、個人としての機能・社会的な機能・学業あるいは職業機能に障害を生じるような発達的欠如によって特徴づけられるものである。本研究における発達障害は、この DSM-5 の定義に従い、知的発達症を含めるものとする。

　発達障害の子どもをもつ親は心理的危機を呈しやすいことが知られている。本研究では親の心理的危機を、先行研究によって広く検討がなされている心理的ストレス、精神的健康及び家族の適応性の 3 つの観点から検討する。第一に、自閉スペクトラム症児の親は定型発達児の親よりもストレスが高いことが明らかにされている（Porter & Loveland, 2019）。第二に、自閉スペクトラム症児の親は精神的健康が低下しやすい（Jellet et al., 2015）。第三に、Gau ら（2012）が自閉スペクトラム症児をもつ家族の適応性が低いこと、つまり、家族内でオープンなコミュニケーションをとり、家族が状況に応じて勢力構造や役割を柔軟に変化させることが難しいことを明らかにしている。このように発達障害児をもつ親が心理的危機を呈しやすい背景には、子どもが発達障害であるために生じる親の負担の大きさがある。特に母親は、家事や療育などのために余裕のない日常を送っており（松岡他, 2013）、発達障害の子どもの行動上の問題や、子どもに対する理解と対応の難しさ、周囲からの理解の得にくさなども、発達障害児をもつ親特有の心理的危機に関連している（Lecavalier et al., 2006；柳澤, 2012；山根, 2013）。

　一方で、そうした心理的危機を家族関係が低減させることが明らかにされている。従来、発達障害児をも

つ親のストレスと家族関係との関連は、主に家族機能の観点から研究が進められてきた。例えば、浅野ら（2011）は自閉スペクトラム症児の母親のストレスの低さに家族機能の高さが関連することを示している。しかしながら、家族機能で捉えられるのは、家族のもつ多様な側面のうち家族成員間の相互作用に留まる。家族をより包括的に捉えるには、家族の相互作用だけでなく、家族成員への信頼や関係性、家族外の社会との関係にも着目する必要があるのではないだろうか。

　こうした家族機能の課題を克服するものとして、家族レジリエンスが挙げられる。家族レジリエンスとは、危機的状況に対する解決策を見つけたり、家族成員の適応力を高めたりすることによって問題を解決しようとするのに役立つ家族の特徴や能力のことである（McCubbin & McCubbin, 1988）。「信念体系」、「組織的なパターン」、「コミュニケーションプロセス」の大きく3要素からなり（Walsh, 2016）、家族機能とともに家族の内面的な要素や家族外の社会との関係性も含んでいる。得津・日下（2006）は、家族レジリエンスの特長として臨床場面で家族のレジリエンスが発揮されるように働きかけることの有用性を指摘している。実際に、入江・津村（2011）は発達障害児の家族の家族レジリエンスを育成するための家族介入モデルを開発し、その介入により子どもや家族の問題への家族の対処能力が拡大するなど、発達障害児の親への支援としての有効性を示唆している。

　さらに、家族レジリエンスの高さが発達障害児の親の心理的危機に影響を与えることも示唆されている。Kim ら（2020）は、自閉スペクトラム症児の養育者は家族レジリエンスが高いと養育ストレスが低いことを示している。また、Suzuki ら（2018）は自閉スペクトラム症、注意欠如多動症、知的発達症、限局性学習症の子どもをもつ母親を対象として、子どもの情緒面や行動面における問題の大きさといった障害の重症度の高さが母親の心理的苦痛を高めるが、家族レジリエンスが高い家族では子どもの障害の重症度にかかわらず母親の心理的苦痛が増大しないことを明らかにしている。以上のことから、家族レジリエンスは発達障害児をもつ親の心理的危機を低減、あるいは緩衝させる効果をもつと考えられる。一方、家族レジリエンスが発達障害児をもつ親の心理的危機に与える影響は母親のみを対象とした検討に留まる。そのため、家族レジリエンスが心理的危機に与える影響を父親も含めた父母全体で明らかにする必要がある。

　では、発達障害児をもつ親において、家族レジリエンスが心理的危機に与える影響をどのように捉えればよいのだろうか。家族の危機を捉えるモデルとして、Hill（1958）が提唱した家族ストレスの ABCX モデルがある。ABCX モデルとは、A（ストレッサーとなる出来事）、B（家族の危機に対処するための資源）及び C（出来事に対する家族の意味づけ、認知）が作用し合うことによって X（危機）が生じるとするものであり、家族が危機に至る過程を最も端的に捉えることができる。McCubbin & Patterson（1983）はこれを発展させ、二重 ABCX モデルを提唱した。二重 ABCX モデルは、ABCX モデルにストレッサーの累積や家族が利用可能な新しい資源、コーピングなどを加え、家族の危機が生じた後に、家族が危機に適応する過程を説明するモデルである。これまで、これらのモデルを用いて発達障害児をもつ母親の抑うつや養育ストレス、家族の適応性に、家族の凝集性やサポートが影響を与えることが明らかにされている（Bristol, 1987 ; Manning et al., 2011）。一方、家族レジリエンスを家族が持つ既存の資源とした研究はみられない。家族レジリエンスは家族が危機に立ち向かうのに役立つ家族内の資源であり、親や家族が心理的危機に至る過程に影響を与える可能性がある。

　そこで本研究では、ABCX モデルに基づく仮説モデルを設定し、家族レジリエンスが発達障害児をもつ親の心理的危機に与える影響について検証することを目的とする。ABCX モデルを採用したのは、ABCX モデルは家族が危機に至る過程を捉えることができ、本研究でも家族が危機に至る過程での心理的危機に対する各変数の影響を検討するためである。仮説モデルは、養育ストレッサー（A）と家族レジリエンス（B）と養育ストレッサーに対する認知的評価（C）が親の心理的危機に影響を与えるモデルとした。Suzuki ら（2018）の知見から、家族レジリエンスは心理的危機を低減させると考えられる。また、Lavee ら（1985）により，将来の予測可能性や危機へのコミットメントなどの認知的評価の高さと，家族の適応性の高さとの間に関連が示されていることから、認知的評価のうち影響性の評価及び脅威性の評価が心理的危機を高め、コミットメント及びコントロール可能性が心理的危機を低減させると考えられる。

Ⅱ．方　法

1．調査対象者

　発達障害児をもつ父母 144 名を対象とした。そのうち、父親は 44 名（30.6％）、母親は 100 名（69.4％）であり、親の平均年齢は 44.5 歳（30 ～ 57 歳；SD＝5.48）であった。子どもの性別の内訳は男児 99 名（68.8％）、女児 45 名（31.3％）、子どもの平均年齢は 12.7 歳（5 ～ 18 歳；SD＝3.94）であった。

2．手続き

　2020 年 10 月から 12 月に、関西、北陸及び九州の発達障害児・者をもつ親の会 5 団体、療育機関 1 カ所、特別支援学校 2 校を通じて、調査対象者に調査の案内及び質問紙を配布した。また、大学のホームページに調査の案内と URL を掲載して調査協力者の募集を行った。調査はオンライン調査と質問紙調査を併用し[注]、研究協力機関にメールまたは郵便で送付した。オンライン調査は、調査の案内に記載した URL または QR コードからアンケートフォームにアクセスして回答を得た。質問紙調査は回答後、同封した返信用封筒で返送するよう求め、回収を行った。その結果、176 名から回答を得た。そのうち、子どもが 19 歳以上、回答者が祖父母、診断名が不明確（診断なしや発達障害など）であった 32 名を除外した。

3．調査内容

（1）フェイス項目

　親の年齢、子どもとの続柄、配偶者との同居の有無、就労状況、子どもの年齢、性別、子どもの人数及び出生順位、診断名、知能指数（IQ）を尋ねた。

（2）発達障害児をもつ親の養育ストレッサー

　山根（2013）の発達障害児・者をもつ親のストレッサー尺度（Developmental Disorder Parenting Stressor Index：DDPSI）を用いた。「理解・対応の困難」、「将来・自立への不安」、「周囲の理解のなさ」、「障害認識の葛藤」の 4 因子 18 項目からなる。経験頻度と主観的嫌悪性の双方から測定できるが、各々の因子構造や妥当性が確認されているため（Yamane, 2021）、回答者の負担を考慮し、経験頻度についてのみ 4 件法（0：全くなかった～ 3：よくあった）で回答を求めた。得点が高いほど養育ストレッサーが高いことを示す

（3）家族レジリエンス

　大山・野末（2013）の家族レジリエンス測定尺度（Family Resilience Scale：FRS）を使用した。「結びつき」、「家族の力への信頼」、「個と関係性のバランス」、「スピリチュアリティ」、「社会的経済的資源」の 5 因子 30 項目で、4 件法（1：全くあてはまらない～ 4：よくあてはまる）で回答を求めた。得点が高いほど家族レジリエンスが高いことを示す。

（4）ストレッサーに対する認知的評価

　鈴木・坂野（1998）の認知的評価尺度（Cognitive Appraisal Rating Scale：CARS）を用いた。「影響性の評価」、「脅威性の評価」、「コミットメント」、「コントロール可能性」の 4 因子 8 項目からなる。DDPSI の項目のような出来事に対して、CARS の質問項目のようなことをどの程度感じたり考えたりするかを 4 件法（0：そう思わない～ 3：全くそう思う）で回答を求めた。得点が高いほど影響性や脅威性の評価が高く、コミットメントやコントロール可能性が高いことを示す。

（5）心理的ストレス反応

　鈴木ら（1997）の心理的ストレス反応尺度（Stress Response Scale-18：SRS-18）を用いた。「抑うつ・不安」、「不機嫌・怒り」、「無気力」の 3 因子 18 項目で構成され、4 件法（0：全くちがう～ 3：その通りだ）で回答を求めた。得点が高いほど心理的ストレスが高いことを示す。

（6）精神的健康

　WHO-5 well-being index（Awata et al., 2007）を用いた。1 因子 5 項目で、最近 2 週間の自分自身の状態について 6 件法（0：まったくない～ 5：いつも）で回答を求めた。得点が高いほど精神的健康状態が良いことを示す。

（7）家族の適応性

　家族の適応性の指標として、立山（2006）による家族機能測定尺度（Family Adaptability and Cohesion Evaluation Scales Ⅲ：FACES Ⅲ）の下位尺度である「適応性」1 因子 10 項目を用いた。5 件法（1：まったくない～ 5：いつもある）で回答を求めた。得点が高いほど家族の適応性が高いことを示す。

注）質問紙調査とオンライン調査の併用とそれらを合わせて結果を分析することについては、先行研究でも実施されており（例えば、助川・伊藤，2020）、特段の問題はないと考えられる。

表1　各変数間の相関係数

	1	2	3	4	5	6	7	8	9
1. DDPSI	—								
2. FRS	− .46 ***	—							
3. 影響性の評価	.54 ***	− .17	—						
4. 脅威性の評価	.61 ***	− .42 ***	.55 ***	—					
5. コミットメント	.43 ***	− .15	.69 ***	.44 ***	—				
6. コントロールの可能性	− .45 ***	.24 **	− .19 *	− .23 **	− .06	—			
7. SRS-18	.68 ***	− .41 ***	.40 ***	.64 ***	.33 ***	− .42 ***	—		
8. WHO-5	− .55 ***	.47 ***	− .38 ***	− .43 ***	− .31 ***	.47 ***	− .62 ***	—	
9. FACES Ⅲ	− .32 ***	.50 ***	− .13	− .24 **	− .06	.18 *	− .18 *	.38 ***	—

注.　* p＜.05, ** p＜.01, *** p＜.001

4. 倫理的配慮

　調査を依頼する段階で、本研究の趣旨と倫理的配慮を書面にて説明した。具体的には、発達障害児・者の父母を対象とし、発達障害の子どもを育てる中で困ったことや心配、不安に思ったこと、日頃感じているストレスや心身の健康、家族関係について調査し、それらの関連を調べるものであること、よりよい支援につなげることを目的とした調査であることを説明した。また、倫理的配慮として、本研究への参加は任意であることや、個人の匿名性は必ず守られること、回答は研究終了後に破棄することなどを説明した。本研究は、神戸大学大学院人間発達環境学研究科研究倫理審査委員会の審査と承認を得て実施した。

Ⅲ. 結　果

1. 調査対象者の概要

　配偶者との同居の有無は、父親では同居している人が 41 名（93.2%）、同居していない人が 3 名（6.8%）であり、母親では同居している人が 87 名（87.0%）、同居していない人が 13 名（13.0%）であった。就労状況は、父親では正規雇用が 36 名（81.8%）、次いで自営業（フリーランス）が 5 名（11.4%）であり、非正規雇用（パートタイム等）と回答した人はいなかった。母親では、非正規雇用（パートタイム等）が 46 名（46.0%）と最も多く、次いで就労していないが 35 名（35.0%）であった。子どもの人数は、父母ともに 2 人が父親は 22 名（50.0%）、母親は 44 名（44.0%）で最も多く、次いで 1 人が父親 9 名（20.5%）、母親 26 名（26.0%）と多かった。出生順位は父母ともに第 1 子が父親 26 名（59.1%）、母親 58 名（58.0%）で最も多く、次いで第 2 子が父親 14 名（31.8%）、母親 29

名（29.0%）と多かった。子どもの診断名は、自閉スペクトラム症 29 名（20.1%）、自閉スペクトラム症と知的発達症 29 名（20.1%）が最も多く、次いで知的発達症 25 名（17.4%）、自閉スペクトラム症と注意欠如多動症が 16 名（11.1%）と多く、注意欠如多動症と限局性学習症も 3 名（2.1%）含まれていた。知能指数（IQ）は、50 〜 69 が 26 名（18.1%）と最も多く、次いで 20 〜 34 が 22 名（15.3%）と多かった。

2. 各変数における性差

　各変数において父母間で差があるかについて、対応のない t 検定を行った。その結果、DDPSI（$t(120)$ ＝ 3.01, p＜.01, d ＝ .57）、脅威性の評価（$t(120)$ ＝ 2.27, p ＜.05, d ＝ .43）、SRS-18（$t(120)$ ＝ 2.10, p＜.05, d ＝ .40）は父親よりも母親の方が有意に高く、WHO-5（$t(120)$ ＝ 2.05, p＜.05, d ＝ .39）は父親よりも母親の方が有意に低かった。その他の変数では、父母間で有意な差はみられなかった。

3. 養育ストレッサー、家族レジリエンス、認知的評価が心理的危機に与える影響

　まず各変数間の相関係数を算出した（表 1）。次に、ABCX モデルに基づいて、心理的ストレス、精神的健康、家族の適応性に対して養育ストレッサー、家族レジリエンス及び認知的評価が与える影響を階層的重回帰分析によって検討した（表 2）。Step1 では、統制変数として子どもとの続柄（父親を 0、母親を 1）、子どもの年齢、さらに、自閉スペクトラム症児をもつ親のストレスが他の障害種に比べて高いことが明らかにされている（坂口・別府，2007）ことを踏まえ、障害種による相違を統制するために、自閉スペクトラム症の有無（無を 0、有を 1）を投入した。Step2 では DDPSI、FRS 及び CARS の影響性の評価、脅威性

表 2　目的変数を SRS-18、WHO-5 及び FACES Ⅲ とした階層的重回帰分析の結果

Step	投入変数	SRS-18			WHO-5			FACES Ⅲ		
		β	R^2	ΔR^2	β	R^2	ΔR^2	β	R^2	ΔR^2
1	子どもとの続柄	.17	.06	.06	− .17	.04	.04	− .05	.04	.04
	子どもの年齢	− .13			.08			− .17		
	自閉スペクトラム症の有無	.09			− .05			.04		
2	DDPSI	.34 **	.56	.50 ***	− .18	.46	.42 ***	− .28 *	.35	.31 ***
	FRS	− .07			.29 ***			.41 ***		
	影響性の評価	− .05			− .08			− .14		
	脅威性の評価	.36 ***			.00			.05		
	コミットメント	.05			− .08			.20		
	コントロール可能性	− .16 *			.30 ***			.00		
3	DDPSI* FRS	− .02	.57	.01	− .05	.46	.00	− .09	.35	.00
	DDPSI* 影響性の評価	.06	.57	.01	− .07	.46	.00	.09	.35	.00
	DDPSI* 脅威性の評価	.13	.57	.01	− .12	.47	.01	.07	.35	.00
	DDPSI* コミットメント	.09	.57	.01	− .05	.46	.00	.12	.36	.01
	DDPSI* コントロール可能性	− .09	.57	.01	.01	.46	.00	− .03	.35	.00
	FRS* 影響性の評価	.05	.57	.01	− .04	.46	.00	.05	.35	.00
	FRS* 脅威性の評価	− .11	.57	.01	− .07	.46	.00	− .08	.35	.00
	FRS* コミットメント	.03	.57	.01	− .01	.46	.00	.00	.35	.00
	FRS* コントロール可能性	.06	.57	.01	− .01	.46	.00	− .02	.35	.00

注.　* $p<.05$, ** $p<.01$, *** $p<.001$, VIF ＝ 1.04 − 3.30

の評価、コミットメント、コントロール可能性を投入した。最後に Step3 では DDPSI と FRS、DDPSI と CARS の各因子、FRS と CARS の各因子の二次の交互作用項を投入した。なお、Step3 ではそれぞれの交互作用を単独で投入し、そのときの R^2 の増分を確認した。

　その結果、SRS-18 を目的変数としたモデルでは、DDPSI（$\beta = .34, p<.01$）、脅威性の評価（$\beta = .36, p<.001$）が有意な正の関連を、コントロール可能性（$\beta = − .16, p<.05$）が有意な負の関連を示した。また、WHO-5 を目的変数としたモデルでは、FRS（$\beta = .29, p<.001$）及びコントロール可能性（$\beta = .30, p<.001$）が有意な正の関連を示した。さらに、FACES Ⅲ を目的変数としたモデルでは、DDPSI（$\beta = − .28, p<.05$）が有意な負の関連を、FRS（$\beta = .41, p<.001$）が有意な正の関連を示した。

　各目的変数と、DDPSI と FRS、DDPSI と CARS の各因子、FRS と CARS の各因子の二次の交互作用との間には、いずれも有意な関連はみられなかった。

Ⅳ．考　察

　本研究は、ABCX モデルを用いて発達障害児をも

つ親の心理的危機に養育ストレッサーや家族レジリエンス、認知的評価が与える影響を検討することを目的とした。その結果、親の心理的ストレスは養育ストレッサー及び脅威性の評価と正の関連、コントロール可能性と負の関連がみられ、親の精神的健康は家族レジリエンス及びコントロール可能性と正の関連がみられた。家族の適応性は養育ストレッサーと負の関連、家族レジリエンスと正の関連がみられた。また、養育ストレッサー、家族レジリエンス、認知的評価の二次の交互作用と心理的危機との間に有意な関連は認められなかった。以上の結果から、仮説は一部支持され、家族レジリエンスと養育ストレッサーに対する認知的評価が親の心理的危機に影響を与えることが明らかになった。

　家族レジリエンスは親の精神的健康と正の関連がみられた。この結果は、Jellet ら（2015）による自閉スペクトラム症児をもつ親の精神的健康と家族機能とが負の関連にあるという知見と部分的に一致しており、子どもが障害であるがゆえに生じる行動上の問題や親への負担が大きくても、家族レジリエンスが高ければ家族がそれに対処する力が高く、家族内で互いに支え合えるため、精神的健康をある程度の高さで保つことができると推測される。また、家族レジリエンスは家族の適応性と正の関連を示した。Luthar ら（2000）

は、家族レジリエンスを高めることは、家族の病理や機能不全を回避させたり低減させたりするとともに、家族の機能を高めると述べており、本研究の結果はこの見解と一致している。このことから、家族が問題を解決するための能力の高さは、家族内のオープンなコミュニケーションや問題への柔軟な対応を促進すると考えられる。一方、本研究では家族レジリエンスと親の心理的ストレスとの関連はみられなかった。これは、Kim ら（2020）とは異なる結果であった。このような結果になった要因として、Kim ら（2020）では親のストレスの指標として養育ストレスを用いていたのに対し、本研究では心理的ストレスを扱ったことが考えられる。また、Kim ら（2020）では子どもの人種を加味した検討も行っており、アフリカ系アメリカ人の子どもの親では、白人及びヒスパニックの子どもの親と比べて家族レジリエンスによる養育ストレスへの影響が小さいことを明らかにしている。このことから、本研究では日本人が対象であったことも Kim ら（2020）と本研究の結果に相違が生じた要因である可能性がある。さらに、本研究においては DDPSI と SRS-18 の相関が強くみられたことから、養育ストレッサーの高さによって心理的ストレスの高さの多くが分析上説明されてしまった可能性もある。しかしながら、先行研究では家族関係が親の養育ストレスの高さに影響を与えることが明らかにされている（浅野他, 2011）。Kim ら（2020）では家族レジリエンスの高さが養育ストレスに与える影響の効果量が小さかったことを考えると、家族レジリエンスが真に親の心理的ストレスに影響を与えるかについてはさらなる検討が必要である。

　養育ストレッサーは親の心理的ストレスと正の関連がみられた。この結果は、自閉スペクトラム症児における行動上の問題などがストレッサーとなり、親の心理的ストレスが増大するという Lecavalier ら（2006）や柳澤（2012）の知見とも一致していた。ストレッサーの高さは一般に心理的ストレスの高さに関連していることから、本研究でもこれと同様の結果が得られた。また、養育ストレッサーは家族の適応性と負の関連もみられた。Gau ら（2012）によれば、定型発達児の親よりも自閉スペクトラム症児の親の方が家族の適応性を低く捉えている。つまり、子どもが障害ゆえに生じる葛藤や将来への不安などの養育上のストレッサーの存在が、家族の適応性を低下させると考えられる。

　認知的評価については、脅威性の評価は親の心理的ストレスと正の関連、コントロール可能性は親の心理的ストレスと負の関連を示した。発達障害児の親には子どもが発達障害であるがゆえに大きな負担がかかっており（松岡他, 2013）、こうした負担は子どもの年齢を問わずそれぞれのライフステージで継続的に生じるため、慢性的なストレッサーとなりうる。また、榊原（2017）はストレス状況に対する脅威性の評価の高さ及びコントロール可能性の低さと抑うつや不安の高さが関連することを示している。これらのことから、発達障害児をもつ親において、慢性的なストレッサーをどのように捉えるかが心理的ストレスの高さに関わっていると推測され、親自身がストレッサーを脅威と評価し、コントロールできないものと捉えることが親の心理的ストレスの高さに影響すると考えられる。これはコントロール可能性の高さが親の精神的健康の高さと関連することについても同様だろう。

　養育ストレッサー、家族レジリエンス、認知的評価の二次の交互作用は、心理的危機との有意な関連がみられなかった。自閉スペクトラム症やコミュニケーションの障害がある子どもをもつ親を対象に，家族の関係性や養育ストレッサーに対する評価と親のストレスや家族の適応性との関連を明らかにするために二重 ABCX モデルをもとに分析を行った先行研究においても、交互作用を加味した分析はなされていない（Lavee et al., 1985 ; Bristol, 1987）。このことから、本研究の結果では ABCX モデルに基づく仮説は支持されなかったが、先行研究の知見と一致する結果であり、心理的危機に対して養育ストレッサーや家族レジリエンス、認知的評価の交互作用ではなく、それぞれが直接的に影響を与えている可能性が示唆された。

　本研究の限界と課題として、次の 2 つが考えられる。第一に、本研究の仮説モデルにはソーシャルサポートが含まれておらず、子どもの状態や特性も測定されていない点である。ソーシャルサポートは一貫して自閉スペクトラム症や注意欠如多動症、限局性学習症の子どもの親のストレスを低減させることが示されている（山根, 2013）。また、神経発達症群の中でも自閉スペクトラム症及び注意欠如多動症の子どもをもつ親が最も養育ストレスが高く、親のストレスには子どもの情緒的、行動的問題が関連することも明らかにされている（Graig et al., 2016）。本研究では子どもの障害種及び IQ しか測定しておらず、子どもの障害の程度を加味した検討をすることはできなかったが、子どもの障害の状態が結果に影響を与えた可能性がある。第二に、就学前の子どもをもつ親を対象にできな

かった点である。松井ら（2016）は、発達障害児をもつ親の会に所属する自閉スペクトラム症及び注意欠如多動症の子どもをもつ母親において、多くが就学前や小学校低学年の時期に診断がつき、その前後に子どもの特性が理解できず対応に困り、今後の見通しが立たない中で、周囲の人の支えに気づき、子どもに対する理解が深まり、子育てに対する自信がもてるようになることを示唆している。このことから、親は子どもの年齢が低いほど危機に陥りやすく、高いほど危機を超え、家族として適応していく段階にあると考えられる。今後は就学前の子どもをもつ父母も対象に含めた検討が望まれる。

付記：本研究は、JSPS科研費 JP18K13347 の助成を受けた。また、同志社大学赤ちゃん学研究センター（文部科学大臣認定共同利用・共同研究拠点）が実施しているプロジェクトにより支援を受けた。

〈文　献〉

American Psychiatric Association（2013）Diagnostic and statistical manual of mental disorders. Fifth Edition: DSM-5. Washington, D.C.: American Psychiatric Association.（高橋三郎・大野　裕監訳（2014）DSM-5 精神疾患の診断・統計マニュアル. 医学書院.）

浅野みどり・古澤亜矢子・大橋幸美他（2011）自閉症スペクトラム障害の幼児をもつ母親の育児ストレス，子どもの行動特徴，家族機能，QOLの現状とその関連. 家族看護学研究, 16, 157-168.

Awata, S., Bech, P., Yoshida, S. et al.（2007）Reliability and validity of the Japanese version of the World Health Organization-Five Well-Being Index in the context of detecting depression in diabetic patients. Psychiatry and Clinical Neurosciences, 61, 112-119.

Bristol, M.（1987）Mothers of children with autism or communication disorders: Stressful adaptation and the double ABCX model. Journal of Autism and Developmental Disorders, 17, 469-486.

Gau, S., Chou, M-C., Chiang, H-L. et al.（2012）Parental adjustment, marital relationship, and function in families of children with autism. Research in Autism Spectrum Disorders, 6, 263-270.

Graig, F., Operto, F., Giacomo, A. et al.（2016）Parenting stress among parents of children with neurodevelopmental disorders. Psychiatry Research, 242, 121-129.

Hill, R.（1958）General features of families under stress. Social Casework, 39, 139-150.

入江安子・津村知惠子（2011）知的発達障害児を抱える家族のファミリーレジリエンスを育成するための家族介入モデルの開発. 日本看護科学会誌, 31, 34-45.

Jellet, R., Wood, C., Giallo, R. et al.（2015）Family functioning and behavior problems in children with autism spectrum disorders: The mediating role of parent mental health. Clinical Psychologist, 19, 39-48.

Kim, I., Dababnah, S., & Lee, J.（2020）The influence of race and ethnicity on the relationship between family resilience and parenting stress in caregivers of children with autism. Journal of Autism and Developmental Disorders, 50, 650-658.

Lavee, Y., McCubbin, H., & Patterson, J.（1985）The double ABCX model of family stress and adaptation: An empirical test by analysis of structural equations with latent variables. Journal of Marriage and Family, 47, 811-825.

Lecavalier, L., Leone, S., & Wiltz, J.（2006）The impact of behavior problems on caregiver stress in young people with autism spectrum disorders. Journal of Intellectual Disability Research, 50, 172-183.

Luthar, S., Cicchetti, D., & Becker, B.（2000）The construct of resilience: A critical evaluation and guidelines for future work. Child Development, 71, 543-562.

Manning, M., Wainwright, L., & Bennett, J.（2011）The double ABCX model of adaptation in racially diverse families with a school-age child with autism. Journal of Autism and Developmental Disorders, 41, 320-331.

松井藍子・大河彩子・田髙悦子他（2016）発達障害児をもつ親の会に所属する母親が子育てにおける前向きな感情を獲得する過程. 日本地域看護学会誌, 19, 75-81.

松岡純子・玉木敦子・初田真人他（2013）広汎性発達障害児をもつ母親が体験している困難と心理的支援. 日本看護科学会誌, 33, 12-20.

McCubbin, H. & McCubbin, M.（1988）Typologies of resilient families: Emerging roles of social class and ethnicity. Family Relations, 37, 247-254.

McCubbin, H. I. & Patterson, J. M.（1983）The family stress process: The double ABCX model of adjustment and adaptation. Marriage & Family Review, 6(1-2), 7-37.

大山寧寧・野末武義（2013）家族レジリエンス測定尺度の作成及び信頼性・妥当性の検討．家族心理学研究, 27, 57-70.

Porter, N. & Loveland, K.（2019）An integrative review of parenting stress in mothers of children with autism in Japan. International Journal of Disability, Development and Education, 66, 249-272.

坂口美幸・別府　哲（2007）就学前の自閉症児をもつ母親のストレッサーの構造．特殊教育学研究, 45, 127-136.

榊原良太（2017）認知的評価は認知的感情制御と精神的健康の関連をいかに調整するか．社会心理学研究, 32, 163-173.

助川文子・伊藤祐子（2020）日本における発達障害児に対する学校適応支援を目的として作業療法の手段．作業療法, 39, 557-567.

Suzuki, K., Hiratani, M., Mizukoshi, N. et al.（2018）Family resilience elements alleviate the relationship between maternal psychological distress and the severity of children's developmental disorders. Research in Developmental Disabilities, 83, 91-98.

鈴木伸一・坂野雄二（1998）認知的評価測定尺度（CARS）作成の試み．ヒューマンサイエンスリサーチ, 7, 113-124.

鈴木伸一・嶋田洋徳・三浦正江他（1997）新しい心理的ストレス反応尺度（SRS-18）の開発と信頼性・妥当性の検討．行動医学研究, 4, 22-28.

立山慶一（2006）家族機能測定尺度（FACES Ⅲ）邦訳版の信頼性・妥当性に関する一研究．創価大学大学院紀要, 28, 285-305.

得津慎子・日下菜穂子（2006）家族レジリエンス尺度（FRI）作成による家族レジリエンス概念の臨床的導入のための検討．家族心理学研究, 20, 99-108.

Walsh, F.（2016）Strengthening Family Resilience Third Edition. The Guilford Press.

柳澤亜希子（2012）自閉症スペクトラム障害児・者の家族が抱える問題と支援の方向性．特殊教育学研究, 50, 403-411.

山根隆宏（2013）発達障害児・者をもつ親のストレッサー尺度の作成と信頼性・妥当性の検討．心理学研究, 83, 556-565.

Yamane, T.（2021）Longitudinal psychometric evaluation of the developmental disorder parenting stressor Index with parents of children with autism spectrum disorder. Autism, 25, 2034-2047

Influence of family resilience and cognitive appraisal on psychological crisis experienced by parents of children with developmental disabilities examined using the ABCX model

Eri Suzukida（Graduate School of Human Development and Environment, Kobe University）
Takahiro Yamane（Graduate School of Human Development and Environment, Kobe University）

Abstract: This study aimed to examine the influence of family resilience and cognitive appraisal on psychological crisis experienced by parents of children with developmental disabilities, using the ABCX model. We administrated a questionnaire or an online survey to 144 parents of children with developmental disabilities. The results showed that higher stressors and appraisal of thread and lower controllability indicated higher psychological stress among parents. It was observed that higher family resilience and controllability indicated higher mental health. Moreover, lower stressors and higher family resilience indicated higher family adaptability. There are no significant association between psychological crisis and the second-order interaction effects of stressors, family resilience, and cognitive appraisal. These results didn't support the hypothesis that, based on the ABCX model, interactions between stressors, family resilience, and cognitive appraisal can reduce the psychological crisis experienced by parents with developmentally disabled children. The study suggests that low psychological crisis experienced by parents may be influenced by higher family resilience and lower threat to stressors, along with higher commitment and controllability.

Key Words：developmental disability, parents, family resilience, psychological crisis, ABCX model

The Japanese Journal of Autistic Spectrum 2023, Vol.20-2, 13-21

実践研究

自閉スペクトラム症児の感情の自己コントロール
――集団ゲーム場面での対処行動の指導とフィードバックを用いて――

Self-regulation of emotional behaviors in children with autism spectrum disorder: Training coping behaviors and providing attitudinal feedback in group games

倉島　萌（新潟県立はまなす特別支援学校）
Moe Kurashima（*Hamanasu Special Needs Education School*）

朝岡　寛史（高知大学教育研究部人文社会科学系教育学部門）
Hiroshi Asaoka（*Research and Education Faculty, Humanities and Social Science Cluster, Education Unit, Kochi University*）

藤本　夏美（筑波大学大学院人間総合科学研究科）
Natsumi Fujimoto（*Graduate School of Comprehensive Human Sciences, University of Tsukuba*）

菅野　真吾（茨城県立つくば特別支援学校）
Shingo Sugano（*Tsukuba Special Needs Education School*）

野呂　文行（筑波大学人間系）
Fumiyuki Noro（*Faculty of Human Sciences, University of Tsukuba*）

■**要旨**：本研究では、「怒り」や「悔しさ」といった自己感情とそれが生じる状況をある程度理解しており、かつ不適切行動の直前に兆候行動（例えば、姿勢が崩れる）が生起する児童1名と、自己感情の理解が難しく兆候行動がほとんど生起しない児童1名の計2名の自閉スペクトラム症児を対象に、感情の自己コントロールの指導を行った。「対処行動の指導」では、イライラしたり、不安になったりしたときの対処行動（例えば、クールダウンする）を対象児は選択し、ゲーム中・終了後に実行した。続く「対処行動の指導＋態度フィードバック」では、「ルールを守る」「応援する」「進んで準備・片付けをする」「我慢する」の4つの行動について、指導者がゲーム終了後、あるいはゲーム中にフィードバックした。指導の結果、自己感情の理解が可能であり、兆候行動が生起する児童では「対処行動の指導」が有効に機能した。また、自己感情の理解が難しく、兆候行動が生起しない児童では「対処行動の指導」に「即時的な態度フィードバック」を組み合わせると適切行動が増加し、不適切行動が減少した。以上を踏まえて、対処行動の指導が有効に機能する条件と態度フィードバックの効果に係る要因が考察された。

■**キーワード**：自閉スペクトラム症、感情の自己コントロール、集団ゲーム、対処行動、フィードバック

Ⅰ．問題の所在と目的

　自閉スペクトラム症（Autism Spectrum Disorder；以下、ASD）の特性のひとつとして、良好な対人関係を築くことの苦手さが挙げられる。その背景には、自分の気持ちを認知して表現したり、他者の感情を理解したりすることの困難さが指摘されている（白井・武蔵，2010）。特に「怒り」の感情の自己コントロール（emotional self-regulation）が難しく（例え

ば、Laurent & Gorman, 2018)、友だちとのトラブル
や叱られた場面で、突然怒りに支配され、衝動的に暴
力をふるったり、暴言を吐いたり、自傷行為を行った
りすることがある（大河原，2004）。これらの行動は、
集団ゲーム場面（以下、ゲーム場面）でもみられ、渡
邉・佐藤（2014）はASD児が勝敗へのこだわりが強
いため周りの児童と楽しく活動できなかったり、負け
たら怒り出すという行動に周りの児童が不安を感じた
りすることを指摘している。以上のことから、ASD
児が怒りを感じたり、ゲームに負けたりしたときに自
分の感情をコントロールし、ゲームに適切に参加する
行動を増加させ、不適切な行動を減少させることが重
要である。

　ゲーム場面におけるASD児の感情の自己コント
ロールの支援として、下山（2015）はゲームに負けた
ときの怒りのマネジメントプログラムの効果を検討し
た。研究開始前の対象児の実態として、カルタゲーム
に負けた瞬間にカードを投げたり、母親を蹴ったりし
た。ゲームの最中の様子としては、対戦相手から札を
取られると、床を蹴ったり、カードを奪ったりするこ
とがあったが、次の札が読まれるまで座って待てるこ
ともあった。介入では、ゲームに負けたときにとる
対処行動を事前に選択させるとともに、最後までゲー
ムに参加できた場合に社会的賞賛とごほうびを提示し
た。対象児はすべての機会で「次頑張る」と表出する
ことを選択、実行した。その結果、かんしゃくを起こ
さずにゲームに参加できるようになった。また、小川
ら（2020）は適切行動の増加を目指した支援を行っ
た。集団ゲームの様子として、対象児は場面や人によ
らず、勝ち負けのある遊びに負けたときに泣いたり、
参加を拒否したりした。介入では、対象児がペアを応
援するといった適切行動の生起に随伴し、ペアは「あ
りがとう！」「頑張るね！」などと肯定的に応じ、高
いパフォーマンスを発揮した。続いて、対象児が応援
したときにペアが失敗するといったように、適切行動
が必ずしも強化されない状況を設定した。その結果、
適切行動が増加し、相対的に不適切行動が減少した。
適切行動の随伴操作を連続強化スケジュールから間欠
強化スケジュールへ段階的に移行したことにより、適
切行動が強化されない状況でもその生起が維持された
と考察されている。

　ところで、吉橋ら（2008）は感情をコントロール
するためにはその具体的なスキルを覚えるだけでな
く、スキルを使うべきタイミングを知るために、自
己感情をモニターする必要があると指摘している。下

山（2015）や小川ら（2020）の研究に参加したASD
児は主に負けたとき、すなわち"ゲーム終了後"に不
適切行動が多く生起した。このことから、対処行動を
とったり、怒りの感情をモニターしたりする場面が限
られており、そのタイミングも明確であったと推察さ
れる。つまり、対象児の実態が指導効果に影響を及ぼ
した可能性がある。一方、"ゲーム中"に頻繁に不適
切行動が生起する事例では、対処行動をとるべきタイ
ミングを頻繁に弁別することが求められる。加えて、
ゲーム中に急に（兆候がみられずに）不適切行動が生
起する事例では、対象児に対処行動を教示したり、促
したりすることが困難であると想定される。これら
の事例では、下山（2015）や小川ら（2020）の支援方
法のみでは十分に感情をコントロールすることができ
ず、追加的な指導が必要になると予想される。

　ASD児における感情の自己コントロールの支援
方法に関するエビデンスが蓄積されている一方で、
ASD児によってさまざまな感情の自己コントロール
の実態があるなかで、どのような支援方法が有効に機
能するかは十分に検討されていない。ASD児の感情
に対する自己コントロールの実態に応じて、その支援
方法を検討することは先行研究の知見の拡大につなが
る。

　そこで本研究では、自己感情をある程度理解してお
り、不適切行動の直前に兆候行動（例えば、姿勢が崩
れる）が生起する児童1名と、自己感情の理解が難し
く兆候行動がほとんど生起しない児童1名の計2名を
対象に、感情の自己コントロールの指導を行った。下
山（2015）の手続きを追試することを第一の目的とし
た。それが有効に機能しない場合は、ゲーム中の適切
な態度をフィードバックする手続きを追加的に導入
し、その効果を検討することを第二の目的とした。

Ⅱ．方　法

1．対象児

　特別支援学級に在籍する小学1年生女児（以下、A
児）と通常学級に在籍し、通級指導教室で指導を受け
ている小学2年生男児（以下、B児）を対象とした。
　A児は、医療機関でASD及びADHDの診断を
受けていた。WISC-Ⅳの結果は、FSIQ94、VCI109、
PRI87、WMI76、PSI104であった。PARS-TR（親面
接式自閉スペクトラム症評価尺度テキスト改訂版）の
結果は、幼児期ピーク得点25点、児童期得点24点

であった。学習・生活場面の様子としては、「自分の都合の良いようにルールを変更する」「自分の思い通りにならないと文句を言う」「失敗したときや負けたときに大きな声で泣く」などの様子がみられた。またB児は、医療機関でASD及びADHDの疑いがあると診断を受けていた。WISC-Ⅳの結果は、FSIQ97、VCI101、PRI91、WMI94、PSI102であった。PARS-TRの結果は、幼児期ピーク得点18点、児童期得点24点であった。学習・生活場面の様子としては、ゲームに負ける、失敗する、自分の思い通りにいかないと、「瞬時に部屋や教室から飛び出す」「その場にある物を周囲の人や物に対して力一杯投げつける」「人や物を叩く・蹴る」などの行動が10分程度持続した。これらの不適切行動が出現した際には、A・B児ともに、慰めたり、落ち着くまで待ったりする対応がとられていた。

2. 倫理的配慮

研究実施に先立ち、A・B児の保護者に口頭と書面にて研究の目的や方法、研究成果の公表について説明を行い、書面による同意を得た。

3. 指導期間及び場所、指導者

X年7月〜X+1年3月の9カ月間にわたって、C大学のプレイルームにおいて集団ゲーム（例えば、かるた）を行った。第一著者は指導者（Main Trainer；以下、MT）として、ゲームを進行した。ゲームには、A児またはB児と児童役の大学院生や現職教員（Sub Trainer；以下、ST）2名、保護者が参加した。

4. 研究デザイン

少数事例実験計画法におけるチェンジング・コンディション・デザイン（Barlow & Hersen, 1984）を用いた。ゲームに負けたときや思い通りにならないときなどに激しい不適切行動が生起することが予想されたため、ベースラインを測定せずに介入を開始した。

5. 従属変数

適切行動と不適切行動、対処行動、兆候行動の平均生起インターバル率（以下、生起率）を従属変数とし、以下の手順で分析した。

まず、各行動を操作的に定義した。適切行動は、「ゲームのルールに従う」「点数を入れられたときや負けたときに座って待つ」「拍手や応援をする」「片付けをする」といったように、活動に適切に参加する行動

とした。不適切行動は、「部屋から出て行く」「物を投げる」「人や物を叩く・蹴る」「奇声や暴言を発する」「ルールに違反したり、変更したりする」「泣く」こととした。なお、「部屋から出て行く」は部屋から飛び出して行方が分からなくなるという行動であったため、安全性の観点から不適切行動とした。対処行動はゲーム中に気持ちが落ち着かなくなってきたときに行う行動であり、ゲーム開始前に対象児が選択した行動（例えば、ことわざカードを見る）をとることとした。兆候行動は、不適切行動が生起する前に生起しやすい行動である。A児は「姿勢が崩れる」「不安を訴える（例えば、「その札取りたかったのに……」と表出する）」であり、B児は「服の裾を握りしめる」「唇をなめる」こととした。

続いて、10秒間部分インターバル記録法を用いて対象児ごと、セッションごとに、適切行動と対処行動、不適切行動、兆候行動の生起するかどうかを分析した。そして、各行動が生起したインターバル数を総インターバル数で割り、100を乗じて生起率を算出した。

6. 手続き

（1）アセスメント

対象児とその保護者に対し、好きなアニメ、キャラクター、遊び、勉強を、保護者にイライラしたときにとる行動と兆候行動を質問した。回答に基づき、教材を作成、対処行動を設定した。また、「笑顔」「怒り」「悲しみ」「悔しさ」「安心」「焦り」「驚き」の表情画を用いて、自分の気持ちについて、またどのような状況でそれが生じるかを対象児に質問した。

（2）対処行動の指導

MTがゲームを数種類提示し、ルール（例えば、かるたでは、手を膝に置く）を説明した。その中から対象児とST2名が1つずつやりたいゲームを選択し、1セッション3つのゲームを行った。行ったゲームは「ストラックアウト」「ボウリング」「七並べ」「魚釣り」「輪投げ」「玉入れ」「かるた」「神経衰弱」「グリコじゃんけん」「射的」「ばばぬき」のいずれかであった。

ゲーム開始前に、MTが紙芝居を用いて、勝つこともあれば負けることもあることを説明した。次に、イライラしたり、不安になったりしたときの行動として「おもちゃをなげる」「ルールをかえる」「わるくちをいう」「がまんする」の4つをイラストと文字で提示し、どの行動をとるべきかを対象児に選択させた。

図1　「がまんする」を選択した場合の行動の選択肢

「がまんする」を選択した場合は、言語賞賛した。それ以外を選択した場合は、その行動をとるとどうなるか（例えば、友だちが嫌な気持ちになる）をイラストで示した。以上の手続きは、対象児が確実に「がまんする」を選択できるようになった時点で除いた。

　次に、紙芝居を用いて「がまんする」の具体的な行動である対処行動を4種類提示し、その中から1つを対象児にゲームごとに選択させた（図1）。「ほかのことをする」では、A児は「変身する」「クールダウンする」「ダンスのビデオを見る」、B児は「水を飲む」「チラシをちぎる」「ことわざカードを見る」「諦める」のいずれを行った。なお、A児の「変身する」は音楽に合わせてダンスを踊るという活動であった。その後、対処行動を行うために必要なアイテム（例えば、「水を飲む」ではペットボトル）を手渡した。

　ゲーム中は、アイテムを対象児の視界に入る位置に置くとともに、兆候行動が出現したときにMTが対象児の名前を呼んでアイテムを指さした。対象児が対処行動を実行したときには、「よくできたね」と即時に言語賞賛した。また、STが点数を取れなかったときにはSTは悔しがり、対処行動を行った。ゲーム終了時にも、負けた対象児とSTは対処行動を行った。最後まで参加できた際は、対象児の好みのキャラクターが印刷されたシールを渡した。

　順位に関して、A児は原則3ゲーム中2位が2回、1位が1回になるようにした「2位条件」、原則1～3位が各1回ずつになるようにした「3位条件」を設定した。また、B児はセッション1（以下、S1などと表

記）で3位になり、「大声を出す」「物を投げる」といった激しい不適切行動が約10分続いた。そのため、S2以降はB児がすべて1位になる条件で実施した。
（3）対処行動の指導＋態度フィードバック
　B児のみに実施した。「対処行動の指導」に加えて態度フィードバックを行った。
①対処行動の指導＋遅延態度フィードバック
　S6～S8に実施した「遅延態度フィードバック」では、対処行動の決定後にMTが「ゲーム中の態度が大切だよね」と教示し、「ルールをまもる」「おうえんする」「すすんでじゅんび・かたづけ」「がまんする」の4項目について白板に表で示した。そして、ゲーム終了後にMTが「カードを取られても我慢できたよね」などと口頭で良かった場面や評価の理由を項目ごとに述べた。
②対処行動の指導＋即時態度フィードバック
　S9以降に実施した「即時態度フィードバック」では、シールとフィードバックのタイミングを変更した。具体的には、B児の好きなキャラクターと評価基準が示されたシールに変更した。また、ゲーム中に4つのうちいずれかに該当する行動が生起した直後にシールを白板に貼った（図2）。なお、「がまんする」については、B児から「怒りモードにならないようにすることも大事じゃない」という発言があり、「おこりモードにならないようにする」に変更した。S11～13は、B児が3ゲーム中1回2位になるようにした。
（4）家族とのゲームおよび指導終了後の家庭や学校場面における感情の自己コントロールの様子

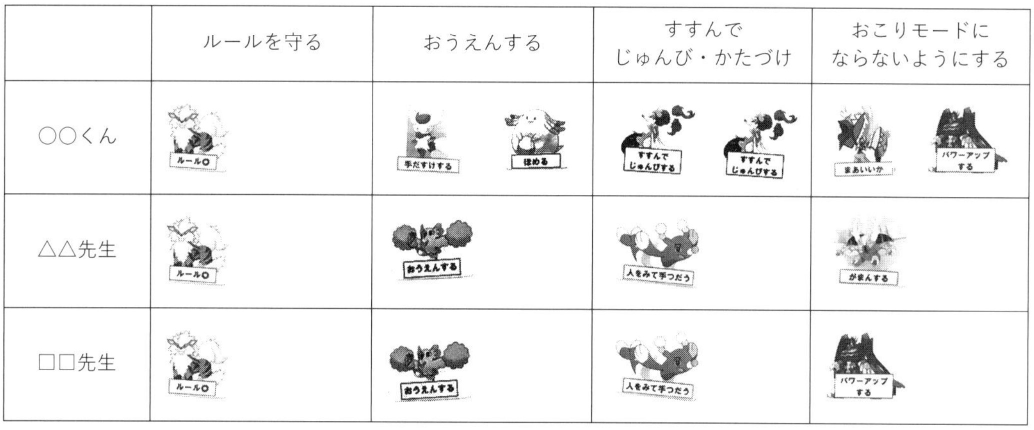
ルールを守る
おうえんする
すすんで
じゅんび・かたづけ
おこりモードに
ならないようにする
○○くん
△△先生
□□先生
ルール○
手だすけする
ほめる
すすんで
じゅんびする
まあいいか
パワーアップ
する
おうえんする
人をみて手つだう
がまんする

図２「対処行動の指導＋遅延態度フィードバック」における白板の模式図

「家族とのゲーム」では、大学と家庭にて対象児と保護者、STで「対処行動の指導」と同様の手続きで行った。事前にMTが保護者に手続きを説明した。進行はMTまたは保護者が行い、対処行動を決めた後にゲームを行った。また、指導終了後に第一著者が保護者に対して家庭と学校における感情の自己コントロールの様子を聞き取った。

7. データの信頼性

第一著者（第一観察者）と応用行動分析学を学ぶ大学生（第二観察者）との間の一致率によって測定された。ランダムに各指導条件（例えば、「対処行動の指導」）から30％のセッションを抽出した。そして、第一および第二観察者が独立して記録し、一致したインターバル率を全インターバル数で除し、100を乗じて観察者間一致率を算出した。観察者間一致率は、A児の「対処行動の指導」が92.6％、「家族とのゲーム」が87.3％、B児の「対処行動の指導」が90.6％、「対処行動の指導＋態度フィードバック」が92.9％であった。

Ⅲ．結　果

1. アセスメント

A児の保護者は「母親や教師に抱きつく」「クールダウンする」を対処行動として、「姿勢の崩れ」「泣きそうになる」「不安を訴える」を兆候行動として報告した。B児の保護者は「ソファを叩く」「水を飲みに行く」「別室に行く」ことをイライラしたときにとり、明確な兆候行動はみられないことを報告した。

感情のアセスメントに関して、A児は気持ちとその気持ちになる状況について概ね適切に答えることができた。例えば、「悔しい」では「運動会で負けたとき」と表出した。B児は、気持ちを答えることが概ね可能であった。一方で、「怒り」「悲しみ」「悔しさ」について、どのようなときにそのような気持ちになるかを尋ねると「ない」と表出した。

2. 対処行動の指導

A児とB児の各従属変数の推移を図3と図4にそれぞれ示した。

A児における「2位条件」の適切行動、対処行動、不適切行動、兆候行動の生起率の平均（範囲）はそれぞれ30％（20％～35％）、16％（6％～25％）、2％（0％～8％）、8％（3％～15％）であった。「3位条件」の適切行動、対処行動、不適切行動、兆候行動の生起率の平均（範囲）はそれぞれ40％（30％～47％）、8％（4％～10％）、0％（0％～1％）、12％（5％～23％）であった。「2位条件」に比べて「3位条件」では、不適切行動の生起率の平均が減少し、兆候行動の生起率の平均は増加した。また、A児は対処行動をとるべき場面で即時に行い、直後に笑顔に変わる様子がみられた。

B児における適切行動、対処行動、不適切行動、兆候行動の生起率の平均（範囲）はそれぞれ21％（7％～44％）、3％（0％～9％）、26％（1％～56％）、4％（1％～6％）であった。1位条件で実施したS2以降もB児が思うように点が取れなかったり、相手が高得点を取ったりすると不適切行動が出現した。また、対処行動を行うことにより、多少表情が和らぐことはあるものの大きな変化はみられなかった。

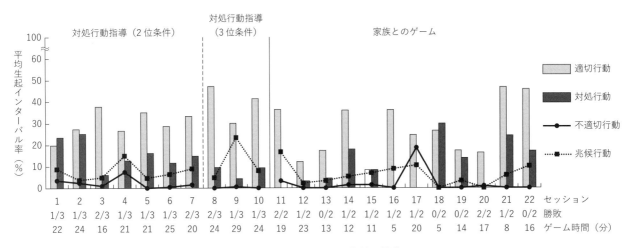

図3　A児における従属変数の推移

勝敗における分母は全ゲーム数を、分子はA児が勝った回数を表している。例えば、2/3は3ゲーム中2回勝ったことを表す。

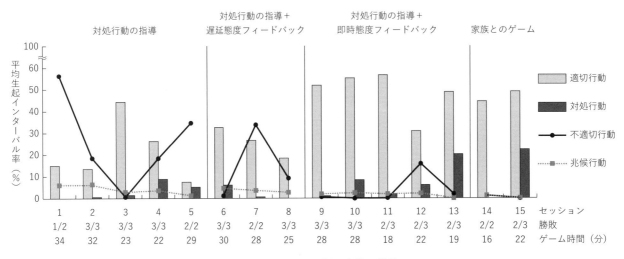

図4　B児における従属変数の推移

勝敗における分母は全ゲーム数を、分子はB児が勝った回数を表している。例えば、2/3は3ゲーム中2回勝ったことを表す。

3. 対処行動の指導＋態度フィードバック

(1) 対処行動の指導＋遅延態度フィードバック

　B児における適切行動、対処行動、不適切行動、兆候行動の生起率の平均（範囲）はそれぞれ26％（18％〜32％）、2％（0％〜6％）、15％（1％〜34％）、3％（3％〜4％）であった。「対処行動の指導条件」と比べ、適切行動の生起率の平均はわずかに増加し、不適切行動の生起率の平均は減少した。対処行動はほとんど生起しなかったが、STが良い得点をとった際に「（本を）見て良いですか？（S6）」と自発することがあった。加えて、「今日は怒りモードにならなかった（S6）」「（帰り際に母親に対して）「怒りモードになっちゃった（S7）」といったように、自己の感情を振り返る表出がみられた。

(2) 対処行動の指導＋即時態度フィードバック

　適切行動、対処行動、不適切行動、兆候行動の生起率の平均（範囲）はそれぞれ49％（31％〜56％）、7％（1％〜20％）、4％（0％〜16％）、2％（0％〜2％）であった。「対処行動の指導＋遅延態度フィードバック」に比べて適切行動の生起率の平均は大きく上昇し、不適切行動の生起率の平均は大きく減少した。対処行動の生起率の平均もわずかに上昇した。B児はゲーム中に白板に視線を向けてシールの枚数や種類を確認し、応援したり（例えば、「頑張れ！」「こうした方が良いよ」「もうちょっとだった。惜しい」「すごい！」）、進んで準備や片付けをしたりする様子が多くみられた。また対処行動のエピソードに関して、神経衰弱で予想していた数字とめくったカードの数字が異なる場面で、「イライラしてきた」と表出した後

に「本読んで良いですか？」や「まあいいか」と自発した（S10）。さらに、「（ゲームの説明時に）態度も大事だけど、怒りモードにならないようにするのも大事じゃない？　うちよくなっちゃう（S9）」「（ゲームを決めるときに）神経衰弱やだ、よく怒りモードになる。でもいいや、パワーアップ（対処行動）したら良いシール出るかも（S10）」「ドキドキしたけど勝った（S10）」などと感情語を用いた表出が生起した。

4．家族とのゲームおよび般化

「家族とのゲーム」における A 児の適切行動、対処行動、不適切行動、兆候行動の生起率の平均（範囲）はそれぞれ 27％（8％〜 47％）、10％（0％〜 30％）、2％（0％〜 19％）、6％（0％〜 17％）であった。「3 位条件」に比べて適切行動の生起率の平均がやや減少したが、その他の従属変数に大きな変化はみられなかった。また、B 児における適切行動、対処行動、不適切行動、兆候行動の生起率の平均（範囲）はそれぞれ 47％（44％〜 49％）、11％（0％〜 22％）、1％（0％〜 1％）、1％（0％〜 1％）であった。各生起率の平均は「対処行動の指導＋即時態度フィードバック」と同程度であった。

家庭と学校における感情の自己コントロールについて、A 児は学校にて「物を投げる」「教室から飛び出す」、家庭にて「ゲーム機を壊す」などの行動が多くみられた。一方で、ドッチボールで当てられたときに怒ることなく外野に向かうといったように、部分的に感情をコントロールする場面もあった。また、B 児は遊び場面などで泣いたときの切り替えが早くなったり、我慢したりする様子が生活全般でみられた。

Ⅳ．考　察

本研究では、ASD 児 2 名を対象に、下山（2015）に基づく「対処行動の指導」が感情コントロールに及ぼす効果を検討した。その結果、A 児では適切行動が高頻度で、不適切行動が低頻度で生起した。一方で、B 児では十分な効果が得られなかった。「対処行動の指導」に「即時態度フィードバック」を組み合わせると B 児の各従属変数がポジティブに変化した。本研究は、ゲーム中に兆候がみられずに不適切行動が生起する事例における感情の自己コントロールを促進する支援の一端を明らかにしたという点で、下山（2015）や小川ら（2020）の知見を一部拡大したとい

える。以上の結果を踏まえ、対処行動の指導が有効に機能する条件と態度フィードバックの効果について考察した。

1．対処行動の指導が有効に機能する条件

第一に、「怒り」「悲しみ」「悔しさ」といった自己のネガティブな感情が生じるときの状況の理解の程度が対処行動の指導効果に影響を及ぼした可能性がある。A 児はどのような場面でこれらの気持ちになるかを表出できていたのに対し、B 児は「ない」と表出したことから状況の理解に難しさがあったと考えられる。吉橋ら（2008）が指摘するように、感情を自己コントロールする手段としての対処行動を自発するためには、ネガティブな感情の生起を手がかりとする必要がある。A 児と B 児に状況理解の程度の差があったため、A 児には対処行動の指導が有効に機能し、B 児には十分に機能しなかったと推察される。

第二に、兆候行動の生起率の差が対処行動の実行に影響した可能性がある。本研究では、兆候行動の生起が MT にとって対処行動を行うことを促す弁別刺激となった。A 児は不適切行動が生起する前に兆候行動が生起することが多かった。さらに、MT に抱きつきに来るといった他者へのかかわりを求める行動がみられたため、促すことが比較的容易であった。そのため、対処行動を行うことによって気持ちを切りかえる経験を積むことができ、感情の自己コントロールがある程度可能になったといえよう。一方、B 児は「失敗した」「思い通りにならない」「ST が高得点をとった」場面で瞬間的に激しい不適切行動が生起し、兆候行動はほとんど生起しなかった。加えて、不適切行動生起時には、他者から話しかけられても拒否したり、物を投げ続けたりして、対処行動を促すことが困難であった。これらの B 児の行動特徴により、手続きが機能しなかったと考えられる。

第三に、適切行動の生起率の差が手続きの効果に影響した可能性がある。下山（2015）では、ベースラインにおける適切行動の生起率の平均は 56％であった。本研究では臨床的リスクを考慮し、ベースラインを測定していないが、「対処行動の指導」における A 児の適切行動の生起率の平均は 30％、B 児の「2 位条件」のそれは 21％であり、指導期においても下山（2015）の数値を下回った。適切行動の増加が怒りの感情のコントロールにポジティブな効果をもたらすという小川ら（2020）の知見を踏まえると、適切行動が生起している程度が、手続き導入直後に効果をもたら

すかどうかや、感情のコントロールが可能になるまでの期間に影響したと推察される。

2. 態度フィードバックの効果

「ルールをまもる」「おうえんする」「すすんでじゅんび・かたづけ」「おこりモードにならないようにする」という行動に随伴して、即時に強化刺激としてのシールを提示することにより、ゲーム中にB児が白板を見るという行動や適切行動が強化されていったと考えられる。ゲーム中にシールの種類や枚数を確認できたことにより、表やシールが自分の行動をモニタリングする機能を果たし、感情のコントロールを促したと考えられる。このことは朝岡ら（2013）の知見からも裏付けられる。この研究では、自閉性障害の生徒に対して社会的相互作用における適切な行動と不適切な行動に随伴して即時的なフィードバックを与える手続きにより、社会的相互作用が成立し、楽しそうにゲームに参加できるようになったと報告している。生徒が活動中にフィードバックの付箋が貼られた白板を参照する様子に基づき、付箋が自己の行動のモニタリング機能を果たしたと考察されている。以上のことから、ゲーム中の態度の切り替えの促進により、嫌悪事象の積み重ねが中断され、不適切行動が生起しにくくなった、換言すれば、不適切行動の予防的な支援となった可能性が示唆される。

また、「対処行動の指導＋即時態度フィードバック」において「イライラ」「怒りモード」「ドキドキ」などの感情語を用いた表出が多く生起した。アセスメントの結果より、B児は感情語は獲得しているものの、それと状況の結びつきが弱い可能性が考えられた。即時的なフィードバックによって感情語と状況が結びつき、感情語を用いた表出が間接的に促されたと推察される。そして、言語表出が対処行動を自発したり、感情をコントロールしたりすることの弁別刺激として機能したと考えられる。このことは、自己感情のモニターの必要性を指摘した吉橋ら（2008）を支持するとともに、感情語を用いた言語表出の生起が感情をモニターできていることの指標となったと考えられる。

3. 今後の課題

本研究では、自己感情の理解や兆候行動の生起の程度に応じた指導の効果を示した一方で、以下の点において制限があり、今後の課題でもある。第一に、家庭と学校場面における感情の自己コントロールの波及効果は、B児では一定の効果があったのに対し、A児で

は極めて限定的であった。その理由として、本研究では感情の自己コントロールに関する全般的なアセスメント情報が不足していたことが考えられる。今後の研究では、小川ら（2020）のように系統的なアセスメントを実施し、対象児の実態に応じた標的場面、標的行動、指導手続きを選定する必要がある。第二に、社会的妥当性を評価していない。今後の研究では、指導の効果や妥当性、保護者の負担感などについて評価すべきである。第三に、指導効果の短期的および長期的な維持を確認していない。本研究で実施した「家族とのゲーム」を家庭で定期的に取り組むといった工夫をすることにより、効果が維持されるかを確認する必要があるだろう。以上の課題はあるものの、対象児の実態に応じた感情の自己コントロールを促進する支援方法を示した点に本研究の学術的および臨床的な意義があると考える。

謝辞：本研究にご協力いただきましたA・B児ならびに保護者の方々に心より感謝申し上げます。

〈文　献〉

朝岡寛史・熊谷正美・石坂　務他（2013）自閉性障害のある生徒の社会的相互作用の形成．自閉症スペクトラム研究実践報告集, 10, 27-33.

Barlow, D. H. & Hersen, M.（1984）Single Case Experimental Designs: Strategies for Studying Behavior Change（2nd ed.）. Pergamon Books.（高木俊一郎・佐久間徹（1988）一事例の実験デザイン―ケーススタディの基本と応用．二瓶社.）

Laurent, A. C. & Gorman, K.（2018）Development of emotion self-regulation among young children with autism spectrum disorders: The role of parents. Journal of Autism and Developmental Disorders, 48, 1249-1260.

小川真穂・朝岡寛史・馬場千歳他（2020）自閉スペクトラム症児の集団遊びにおける適切行動の増加が感情の自己制御に及ぼす効果の検討．自閉症スペクトラム研究, 18, 51-59.

大河原美以（2004）怒りをコントロールできない子の理解と援助―教師と親のかかわり．金子書房.

下山真衣（2015）自閉症スペクトラムの子どもに対するゲームに負けたときの怒りマネジメントプログラムの効果．自閉症スペクトラム研究, 12, 45-51.

白井佐和・武蔵博文（2010）広汎性発達障害児を対象としたソーシャルスキルトレーニングの効果―怒り

に対する感情理解及び感情のコントロールを中心と
して．香川大学教育実践総合研究 , 21, 35-46.

渡邉紀子・佐藤愼二（2014）自閉症・情緒障害特別支
援学級に在籍する対人関係に困難を抱える児童の支
援―なかまと楽しくスキルを学ぶゲームを通して．

植草学園短期大学研究紀要 , 15, 33-39.

吉橋由香・宮地泰士・神谷美里他（2008）高機能広汎
性発達障害児を対象とした「怒りのコントロール」
プログラム作成の試み．小児の精神と神経 , 48, 59-
69.

Self-regulation of emotional behaviors in children with autism spectrum disorder: Training coping behaviors and providing attitudinal feedback in group games

Moe Kurashima（Hamanasu Special Needs Education School）

Hiroshi Asaoka（Research and Education Faculty, Humanities and Social Science Cluster, Education Unit, Kochi University）

Natsumi Fujimoto（Graduate School of Comprehensive Human Sciences, University of Tsukuba）

Shingo Sugano（Tsukuba Special Needs Education School）

Fumiyuki Noro（Faculty of Human Sciences, University of Tsukuba）

Abstract: We trained emotional self-regulation in two children with an autism spectrum disorder. Precursor behaviors preceded inappropriate behaviors in one child who understood self-emotions and situations in which they occur to some extent. However, the other child who had difficulty understanding self-emotions exhibited fewer precursor behaviors. In the "coping behavior training" phase, the children selected and performed coping behaviors when they became frustrated or anxious during games. Subsequently, in the "coping behavior and attitude feedback" phase, the trainer provided feedback on the following behaviors during the game, rules-following, cheering, willingly preparing and cleaning up, and being patient. Consequently, the first coping behavior training procedure was effective for the child who could understand self-emotions and exhibited precursor behaviors. However, the coping behavior training and attitude feedback procedure were more effective for the other child. We have discussed conditions where coping behavior training or attitude feedback is more effective.

Key Words : autism spectrum disorder, emotional self-regulation, group games, coping behaviors, feedback

The Japanese Journal of Autistic Spectrum 2023, Vol.20-2, 23-31

実践研究

特別支援学級担任対象の自立活動の指導目標設定に至る判断の根拠を身に付けさせる研修の効果

Effect of training to acquire the basis of judgment leading to educational goal setting in *Jiritsu-Katsudo* for special needs class teacher

岡本　邦広（新見公立大学 *）

Kunihiro Okamoto（*Niimi University*）

■要旨：本研究では、自立活動の指導目標設定に至る判断の根拠を身に付けさせる研修により、①事例に対する機能的アセスメント、②筆者の提案した8観点を根拠に優先順位の選定が可能かどうか検討することを目的とした。対象は、小・中学校の特別支援学級担任38名であった。研修には、機能的アセスメントに基づく行動問題に対する先行条件及び結果条件による分析と、指導課題を8観点から5段階評価した上での優先順位選定の検討が含まれた。研修効果検討のために、研修前後に演習を実施した。演習の記述内容の分析結果、先行条件及び結果条件の記述は、研修前後でそれぞれ10名から29名、0名から27名に増加した。優先順位に関する記述は研修前後で、8観点の使用頻度の増加（前後で異なる視点含む）14名、0観点から複数観点使用15名、使用頻度は不変で異なる観点使用3名であった。また、対象者全体の研修前後では特に、改善の緊急性、他者への影響、頻度に変化が見られた。本研究の結果から、先行条件及び結果条件を記述した対象者が研修後に増加した要因として、行動理論に基づく講義・演習の組み合わせが両条件への記述を促すとする先行研究を支持したと考えられる。また、対象者の多くは研修前に用いなかった8観点のいずれかを研修後に使用し指導課題の優先順位を選定したことから、研修効果が認められたと考えられた。今後の課題として、研修受講後の教育現場における実践研究による効果の検討、自立活動に関する正確な知識・技能を身に付ける環境の検討が挙げられた。

■キーワード：特別支援学級、自立活動、研修、指導目標

Ⅰ．問題の所在及び目的

　自立活動は、特別支援学校の教育課程において特別に設けられた指導領域で、心身の調和的な発達の基盤に着目して指導が行われる（文部科学省，2018）。小・中学校の特別支援学級においては、児童生徒の障害の状態等を考慮すると、小学校又は中学校の教育課程をそのまま適用することが必ずしも適当でなく、特別支援学校小学部・中学部学習指導要領に示される自立活動等を取り入れた特別の教育課程を編成する必要性が生じる場合がある。このため、学校教育法施行規則には、特別支援学級において、「特に必要がある場合には、特別の教育課程によることができる」ことを規定している。この規定を受け小学校又は中学校学習指導要領では、特別の教育課程を編成する場合に、「障害

による学習上又は生活上の困難を克服し自立を図るため、特別支援学校小学部・中学部学習指導要領第7章に示す自立活動を取り入れること」と示されている（文部科学省，2018）。このことから、小・中学校の特別支援学級担当者においても自立活動に関する正確な知識・技能を有することが求められる。

　文部科学省（2018）は、障害のある児童生徒に対する自立活動の指導の一層の重要性と共に、個別の指導計画作成における「指導目標（ねらい）を設定するに至る判断の根拠」を書面化する必要性を指摘している。さらにこの改訂に伴い、特別支援学級に在籍する児童生徒に対する個別の指導計画の作成が義務化された。しかしながら、「特別支援学級及び通級による指

---

* 本研究時の所属は川崎医療福祉大学（Kawasaki University of Medical Welfare）

導の適切な運用について（通知）」（文部科学省初等中等教育局長，2022）では、一部の自治体において、「特別支援学級において特別の教育課程を編成しているにもかかわらず、自立活動の時間が設けられていない」との指摘がされている。また、特別支援学級担任の自立活動の指導に関する質問紙調査（国立特別支援教育総合研究所，2016）では、少数ではあったが「自立活動の指導を行っていない」と回答した担任は自閉症児の身辺自立が確立しているためなどといった理由を挙げていた。これらの報告に見られるように、小・中学校や特別支援学級担任の自立活動に対する基本的な理解が不十分であることが窺われた。以上のような問題点を踏まえると、特別支援学級担当者にも自立活動の個別の指導計画作成にあたり、「指導目標（ねらい）を設定するに至る判断の根拠」を書面化する能力を身に付けさせる効果的な研修が必要と考えられる。

岡本（2021）は、文部科学省（2018）（pp.105-106）より、「指導目標（ねらい）を設定するに至る判断の根拠」を示す段階には、事例の指導課題[注1]に行動問題[注2]を有する場合、「行動問題の生起要因の検討」、ならびに、「指導課題の優先順位の選定」の2つの手続きを含むと捉えた。その1つ目の手続きである「行動問題の生起要因の検討」には、機能的アセスメントに基づく分析方法に関する講義・演習が盛り込まれた。また2つ目の手続きである「指導課題の優先順位の選定」について、それぞれの指導課題を「改善の緊急性」「改善の必要性（数年後）」「改善の可能性」「他の課題への影響」「自分への影響」「他者への影響」「頻度」「従事時間」の8観点から段階評価を行うことで、指導課題間の優先順位を比較する重要性が説明された。上記の内容を盛り込んだ指導プログラムを、特別支援学校教諭免許状取得を目指す大学生に実施したところ、指導プログラム後はその前に比べ、先行条件と結果条件の両方の側面から生起要因を述べ、8観点のいずれかの観点から根拠を述べて優先順位を選定する対象者が増加したことが示された。特別支援学校教師の自立活動を理解する難しさ（藤井他，2018）を勘案すると、特別支援学校教諭免許状を取得していない特別支援学級担任に対しても、大学生を対象とした岡本（2021）の指導プログラムを適用することによって、「指導目標（ねらい）を設定するに至る判断の根拠」を書面化する能力を身に付けさせることができると考えられる。

ところで、障害のある子供の指導者対象の研修に関する課題として、特別支援学級担当者対象の研究が稀

少、ならびに対象者数が少数であることが挙げられる。特別支援学級担任対象の研究は、個別の指導計画の指導目標及び手立ての記述方法に関する研修（池田・半田，2020）や、障害のある子供に対するeラーニング活用の応用行動分析に基づく指導技術の向上を目的とした研修（大羽・井上，2005）、行動問題に対する機能的アセスメント（平澤，2008）が散見される程度である。また、これらの研修対象者数は3～12名と少数である。教育委員会や大学等開設の免許法認定講習（文部科学省，2022）という比較的規模の大きな講習会（猪子他，2014）においても、研修受講によって参加者の知識等に変容がみられるかを検討する必要がある。しかしながら、特別支援教育に携わる教師対象の研修に関する調査を実施した川合ら（2011）は、研修の評価方法として出席状況や研修への参加意欲・態度（全体の28.4％）、次いで研修内容に関するレポート課題の内容（同22.2％）が多くを占め、研修受講によって知識等が変容したかを示すには至っていないことを指摘した。

以上から本研究では、比較的大勢の特別支援学級担任を対象にした指導課題に行動問題を有する事例の自立活動の指導目標設定に至る判断を身に付けさせる研修により、①事例に対する機能的アセスメント、②複数の指導課題に対し筆者の提案した8観点を根拠に「優先順位の選定」が可能になるかどうか検討することを目的とした。

Ⅱ．方　法

1．対象者

X県教育委員会主催の特別支援学校教諭免許状認定講習（以下、認定講習）を受講した主に小・中学校教諭に対し文書にて研究協力の依頼を行い、同意の得られた38名の特別支援学級担任を対象者とした。依頼に関して文書を用い、本研究の目的や、「本研究への参加は自由意思による」「本研究への参加不参加、途中の辞退は、認定講習における成績には一切影響しない」等の倫理的配慮に関する説明を行った。対象者の「性別」は、女性が34名（89.4％）であった。「年代」

注1）指導課題は、指導計画事例（文部科学省，2018）（pp.128-171）を参考に「障害のある児童生徒の実態から指導者が導いた指導すべき課題」として用いた。

注2）行動問題は、「問題を引き起こしている当事者自身と周囲の環境との不適切な相互作用の結果、生じる問題」（加藤，2000）として用いた。

は、20 代が 7 名（18.4％）、30 代が 11 名（28.9％）、40 代が 12 名（31.6％）、50 代が 8 名（21.1％）であった。「教員経験年数」は、平均 13 年 1 カ月（N＝33、N＝5 は未記入）であった。「特別支援学級担任の教員経験年数の平均」は、2 年 3 カ月（範囲：4 カ月～ 13 年 4 カ月）。自立活動や機能的アセスメントに関する系統的な研修を受けた対象者はいなかった。

2．研修実施日・場所

　Y 年 8 月 6 日、X 県会館にて、認定講習（2 日間；90 分×8 コマ）の一部として実施された。

3．研修手続き

（1）自立活動の指導目標設定に至る判断の根拠を身に付けさせる研修（以下、研修）

　以下①及び②の講義及び演習で構成された（岡本（2021）では 180 分であったが、演習の時間を延長：休憩 15 分を含む 240 分間）。筆者が文部科学省（2018）、真鍋（2013）、岡本・井澤（2012）、Alberto & Troutman（1999）を基に、Microsoft Power Point にて作成した。対象者には、それをレジュメにして配布し、Microsoft Power Point を活用して説明を行った。本研究は、筆者の前所属機関における倫理委員会の承認を得て実施した（承認番号 20-007）。本研究への参加は、対象者の同意を書面で得て実施した。

　①「行動問題の生起要因の検討」を説明した。行動問題の生起要因は、「3 つのポイント」として、機能的アセスメントの理論に基づき、「そのように行動することで、子供は何を得たか」〔行動問題の果たす役割（「注目の獲得」「ものの要求の獲得」「感覚刺激の獲得」「逃避」の 4 つの機能）〕、「そのように行動するきっかけ（直接）は何か」、「そのように行動するきっかけ（間接）は何か」〔行動問題を強化する背景要因（例えば、コミュニケーションが未獲得、病気など）〕という 3 つの視点からの検討が必要であると説明した。「3 つのポイント」説明後は、知的障害や知的障害を伴う自閉症を扱った事例に対する 3 つのポイントを踏まえた演習問題（注目の獲得と逃避の機能を有する私語や離席をする事例、感覚刺激の獲得の機能を有する自傷行動の事例、逃避の機能を有する課題不従事行動の事例）を実施した。

　②「指導目標設定時のポイント」を、以下 2 つの側面より説明した。1 つ目は、「指導目標を記述する際の留意点」（客観的な記述、「○○する」という記述）であった。2 つ目は、「指導目標を設定する根拠」

- ●小（中）学校特別支援学級在籍 2 年生男子。

- ●知的障害を伴う自閉症。

- ●聴覚から情報をとらえることは苦手であるものの、視覚からの情報を理解することが得意である。

- ●運動が好きで、進んで体を動かしている。

- ●他者の様子に関心があり、進んでコミュニケーションを取ろうとする。

- ●気持ちが落ち着かなくなったときに、自らの行動を抑制することが難しく、他者に対して荒々しい行動に及んでしまうことがしばしばある。

- ●困ったことに直面したときに、他者に援助を求める方法が身に付いていない。

- ●険しい表情・口調で話してしまうことが多く、相手に動揺を与えてしまうことがある。

- ●感情などを言葉にして話すことが難しく、相手に意思が伝わらないことが多い。

- ●一方的に話してしまうことが多く、相手の話を聞くのが苦手なため、会話が成立しにくい。

設定した指導目標

指導目標の設定理由
　指導課題の生起要因

　指導課題の優先順位

図 1　本研究に用いた演習 1 及び演習 2

である。演習 1（図 1）と異なる事例（文部科学省，2018）に見られる複数の実態（例えば、「他児を叩く」「順番を待つことができない」「大声を上げる」等）を基に、「改善の緊急性はあるか」「数年後、改善の必要性はあるか」「改善の可能性はあるか」「他の課題への影響はあるか」「自分への影響はあるか」「他者への影響はあるか」「頻度」「従事時間」の 8 つの観点を、それぞれ 5 段階評価することを提案した。その後の演習では、「指導課題 1：毎日、○○行動をするので、周囲にしばしば迷惑をかける」「指導課題 2：学期に 1 回程度、△△行動をするので、周囲に迷惑をかける」といった 2 つの指導課題を提示し、8 観点を根拠にどちらの指導課題を優先的に指導するかを検討させる問題を 6 問実施した。

　上記の演習実施後、指導目標の設定理由に、以下の内容を記述することの必要性を、レジュメを用いて説明した。①「指導課題の生起要因」に関して、3 つのポイントを用い、「指導課題は、……を背景に、……をきっかけにして、……をするために起こる」と

表1　生起要因に関する記述の有無を検討する文例

視点1 指導課題の生起要因	間接的なきっかけ例 ・相手の話を聞くのが苦手で意思が伝わらない ・自分で気持ちをコントロールすることができない ・人との関わりに慣れていない ・相手を思いやる気持ちの育成ができていない ・困った時に援助を求める方法が身に付いていない ・相手が自分の言動をどう受け取るかを想像できない ・感情などを言葉にして話すことが難しい ・他者に援助を求める方法が身に付いていない ・語いの少なさ（言語理解の弱さ） ・自分の思いを表出できない、他者の話を聞けないなどコミュニケーションスキル不足 直接的なきっかけ例 ・気持ちが落ちかなくなった時 ・困った時 ・相手に自らの意思がうまく伝わらない時 ・困ったことに直面した時 ・生徒や先生が近くにいる場面（状況） 結果（行動の目的） ・逃避 ・注目 ・感覚刺激 ・ものや活動の要求
視点2 指導課題の優先順位	8つの視点に関する評価 ・改善の緊急性（すぐにでも改善させる必要がある） ・改善の必要性（数年後）（すぐにではないが、数年後には改善させる必要がある） ・改善の可能性（指導課題に選定したら、改善の余地（可能性）はある） ・他の課題への影響（指導課題を改善することで、他の指導課題も改善させる可能性がある） ・自分への影響（ある行動を改善させることで、自分の生活の幅が拡大する可能性がある） ・他者への影響（指導課題によって他者に迷惑をかけたり、けがをさせたりする可能性がある） ・頻度（指導課題のみられる頻度） ・従事時間（指導課題が生起する時間） ※文中に上記8つの文言があれば該当とする。また、上記の通りの文言がなくても、文章からいずれかの内容が読み取れれば、その文章の後に括弧をつけて該当とする例：……他の行動に比べて、すぐにでも改善すべき（改善の緊急性）で回数が多かった（頻度）。逆に、8つに関わる文言が示されていても、文意が通じないものは「非該当」 課題間の比較に関する評価 ・他の行動より　・最も　・○○については同程度 ・こちらを優先など

記述する。②「優先順位」に関する例示として、「挙げられた指導課題A（他害行動）、指導課題B（情緒不安定で混乱する行動）、指導課題C（自分の思いや気持ちを一方的に通す行動）について、『本人への影響』『頻度』はいずれも同程度であった。一方、指導課題Aの『改善の緊急性』『他者への影響』の段階評価は指導課題B、Cより高く、またそれらの結果として『他の課題への影響』の段階評価は指導課題B、Cより高い」と記述する。③上記①及び②のまとめとして、指導目標の設定理由を記述する際は、これら2つ

の視点を記述した上で、例示として、「以上のことから、自立活動の指導目標として、他害行動の改善（簡単なルールに基づく適切な行動）を設定した」と記述する。

（2）演習問題

　研修の効果を検討するために、その前後に演習1、演習2を実施した。それらは同一の演習問題で、文部科学省（2018）の「特別支援学校教育要領・学習指導要領解説　自立活動編（幼稚部・小学部・中学部）」における知的障害を伴う自閉症の事例（pp.152-154）

を基に作成した。解答時間はともに 25 分間であった。事例から指導目標を設定し、その設定理由を、「指導課題の生起要因」「指導課題の優先順位」の 2 項目を手がかりに記述を求めた（図 1）。演習 2 の実施では、レジュメを参照してよいことを教示した。

4．評価方法

　対象者の筆跡により評価に与える影響を排除するために、筆者が回収済み演習問題の解答をすべて Microsoft Excel に打ち込み直した。それを基に、筆者を含む 2 名（ともに特別支援学校の教員経験を複数年有する）が、以下の 2 観点から、演習 1 及び演習 2 において視点 1 及び視点 2 の記述が含まれているかどうかを，独立して表 1 の文例を参照し分析した。視点 1；行動問題の生起要因を、「先行条件」「結果条件（機能）」の側面から記述しているか（例えば、「暑い状況下で（間接）、教師から難しい課題を提示された時に（直接）、つばを吐く行動（行動問題）が生起すると、難しい課題が取り下げられる傾向にあった（結果条件）」といった記述の有無）。視点 2；指導目標の設定時に 8 観点のいずれかを根拠にして記述したか、また他の指導課題と比較して優先順位を選定した記述が見られるかを分析した。

5．算出方法

　設定理由の文章中に、「間接的なきっかけ」「直接的なきっかけ」「結果」及び「8 観点」「指導課題の比較」に関する対象者の記述が見られた場合は「1」、見られなかった場合は「0」と評価した。設定理由の文章中に 8 観点に関する記述が見られた場合、該当した観点を「1」（同一対象者が同じ観点を複数回用いた場合も含む）、該当しなかった観点を「0」と評価した。

Ⅲ．結　果

1．指導課題の「生起要因」に関する記述の変化

　「先行条件」の「間接的なきっかけ」に関して、研修前後で記述者数は 31 名から 30 名に減少した。一方、「直接的なきっかけ」に関して、研修後の記述者数は、10 名から 29 名に増加した。さらに、「結果条件」に関して、研修前後の記述者数は、0 名から 27 名に増加した。

表 2　研修前後における 8 観点を用いた人数の変化

pre		post	
8 観点の数	人数	8 観点の数	人数
0	18	0	3
		1	1
		2	6
		3	4
		4	4
1	13	0	1
		1	1
		2	2
		3	7
		4	2
2	7	1	1
		2	3
		3	2
		4	1

2．指導課題の「優先順位」に関する記述の変化

　表 2 に、研修前後における 8 観点の使用頻度を示した。研修前、8 観点を全く使用しなかった対象者 18 名について、研修後も全く使用しなかった対象者の割合は 16.7%（3 名）であったが、8 観点のうち 1 〜 4 観点のいずれかを使用した対象者の割合は、83.3%（15 名）であった。また研修前、8 観点のうち 1 観点を使用した対象者 13 名について、研修後、8 観点のうちの複数の観点を使用した対象者の割合は 84.6%（11 名）であった。さらに、研修前、8 観点のうち 2 観点を使用した対象者 7 名について、研修後も 8 観点のうち複数を使用した対象者の割合は、85.7%（6 名）であった。

　表 3 に、研修前の 8 観点の使用頻度別における研修前後の 8 観点の記述頻度の変容を示した。研修前の 8 観点の使用頻度に関わらず（すなわち、8 観点の使用頻度が、0 〜 2 のいずれでも）、研修後は「改善の緊急性」、「他者への影響」、「頻度」の 3 観点を優先順位の根拠に用いる対象者が増加した。さらに、研修前の 8 観点の使用頻度が 0 の対象者（18 名）の一部は、研修後に、「本人への影響」（2 名）、「改善の必要性（数年後）」（3 名）、「改善の可能性」（2 名）、「他の課題への影響」（3 名）を優先順位の根拠に用いた。一方、研修前の 8 観点の使用頻度が 1 と 2 の対象者の「本人への影響」においては、研修後は減少傾向が見られた。

表3　指導プログラム前後における8観点の記述数の変容

8観点の使用0の対象者（指導プログラム前）

	改善の緊急性	本人への影響	他者への影響	改善の必要性	改善の可能性	他の課題	従事時間	頻度
pre	0	0	0	0	0	0	0	0
post	10	2	14	3	2	3	0	5

8観点の使用1の対象者（指導プログラム前）

	改善の緊急性	本人への影響	他者への影響	改善の必要性	改善の可能性	他の課題	従事時間	頻度
pre	0	7	1	1	1	3	0	0
post	11	2	12	0	1	0	0	8

8観点の使用2の対象者（指導プログラム前）

	改善の緊急性	本人への影響	他者への影響	改善の必要性	改善の可能性	他の課題	従事時間	頻度
pre	0	5	6	0	0	1	0	0
post	4	3	7	0	0	1	0	4

3．一致率

　視点1は、「先行条件」の「間接」94.7%、「直接」89.5%、「結果条件」100%、視点2は、「8観点のいずれかを根拠にした記述」89.5%、「他の行動との比較」90.8%であった。

Ⅳ．考　察

　本研究では、比較的大勢の特別支援学級担任を対象とした指導課題に行動問題を有する事例の自立活動の指導目標設定に至る判断を身に付けさせる研修を実施した結果、「先行条件」（直接的なきっかけ）及び「結果条件」「優先順位に関する選定」に関する記述が増加した。

1．研修の効果

　先行条件について、研修前は「直接的なきっかけ」に比べ、「間接的なきっかけ」の記述者数が多かった。結果から、対象者は行動問題の直接的なきっかけよりも、「人との関わりに慣れていない」「自分で感情をコントロールできない」と、事例の障害特性に目が向きがちであると指摘できる。

　一方、「直接的なきっかけ」の記述者数は、研修前に比べ19名増加した。また、結果条件の記述者数は、0名から27名に増加した。この結果は、行動理論に基づく講義・演習を組み合わせたプログラムが両条件への記述を促すとする先行研究（平澤他，2016；大久保他，2015）を支持したと考えられる。さらには、研修に用いたレジュメの演習問題の「指導課題は、……を背景に、……をきっかけにして、……をするために

起こる」といった生起要因に関する例示も、両条件への記述を促す役割を果たしていたと考えられる。また、研修前後の「間接的なきっかけ」「直接的なきっかけ」における増減の違いの要因として、特別支援教育の推進と共に発達障害の特性に関する研修受講によりその理解は進んでいることから、研修前は障害特性など「間接的なきっかけ」に注目する対象者が多かったが、応用行動分析に基づく講義・演習によって「直接的なきっかけ」にも目を向ける対象者が増加したことが考えられる。

　研修前は、「事例の……を改善すれば（本人への影響）、……」と事例の行動改善に主眼をおいた記述が多かったが、研修後は指導課題における「本人への影響」から「他者への影響」へシフトした。この要因として、指導課題の1つとして他害行動に目を向ける対象者が、行動問題（加藤，2000）の言葉の意味を理解したことや、他害行動により「他者への影響」を与える可能性といった研修での他害行動に関する説明に影響を受け、記述に至ったと考えられた。また、「改善の緊急性」「頻度」といった改善の程度や物理的な量を、優先順位を選定する上で根拠とする対象者が多く存在した。「改善の緊急性」が増加した要因の1つとして、前述と同様に指導課題として研修の内容を踏まえ他害行動に目を向けたことが考えられる。演習問題（1及び2）（図1）には、「しばしば」「多い」と量を含む文章が複数ある。研修前、これらの量に着目して優先順位を選定した対象者は一人もいなかったが、研修後には対象者の半数近くが「頻度」を根拠の1つに上げた。「改善の緊急性」「頻度」の使用頻度は、いずれも0であったことから、研修によって、複数の指導課題を比較する際、これらの視点から注目できるよう

になったことが示唆された。また、指導課題に「改善の必要性（数年後）」「改善の可能性」「他の課題への影響」があるかどうかの判断は、指導者（対象者）の主観に依存する可能性がある。しかし、「頻度」はそれらに比べて客観的に判断可能なことから、多用されたと考えられる。

　以上から、研修は特別支援学校教諭免許状取得を目指す比較的大勢の特別支援学級担任対象の研修において、行動問題の生起要因を分析し、複数の指導課題を有する優先順位を選定する能力を身に付けさせる上で効果的であることが示唆された。

2. 今後の課題

　以下に 2 点指摘した。1 つ目は、研修受講後の教育現場における実践研究による効果の検討である。エピソードであるが、認定講習の休憩時に受講者から、「担当児の複数ある指導課題からどれを取り上げて指導すればよいか」「担当児に対する自立活動の指導についての助言を個別に受けたい」といった内容の相談を受けた。優先順位選定に関する先行研究として、池田・安藤（2017）がある。池田・安藤（2017）は、小学校通常の学級に在籍する脳性まひ児に対し、研究者と担任教師が課題関連図を用いることによって、優先順位の高い指導課題を選定して指導の方向性を検討した。池田・安藤（2017）の事例は、身体の使い方が学校生活のさまざまな場面での困難さに影響を及ぼすことを明らかにした。本研究では、行動問題の生起要因の分析について、架空事例の機能的アセスメントの実施に留まり、教育現場における事例に対する機能的アセスメントに基づく指導・支援を行っていない。また優先順位の選定に関して、本研究では研修により筆者が提案した 8 観点を根拠に文書化できたかどうかを検討するに留まっており、教育現場における指導課題の優先順位選定にあたり 8 観点が妥当かどうかは検討されていない。

　したがって今後は、池田・安藤（2017）の事例の支援ニーズと異なり、行動問題を有し複数の指導課題といった支援ニーズを有する受講者と、教育現場において本研修内容に基づく自立活動の指導をベースにした実践研究が必要であると考えられる。

　2 つ目は、自立活動に関する正確な知識・技能を身に付ける環境の検討である。特別支援学級担任の障害のある子供に対する指導力向上を目的とした研修に関する研究においては、対象者数は少数であることが多いが、今回実施した一斉の講義・演習形態により比較

的多くの受講者を対象に実施し、その効果を検討できた。特別支援学級担任の特別支援学校教諭免許状所有率は 30％程度（文部科学省，2021）の推移であることを考えると、特別支援教育、とりわけ自立活動に関する十分な知識・技能を有していない特別支援学級担任が存在することが推察される。特別支援学級担任の自立活動に関する知識・技能を向上させるための 1 つの方法として、本研修受講により自立活動に関する机上における正確な知識・技能を修得するだけでなく、上記に指摘したとおり、「個別に助言を受けたい」という支援ニーズに対応するために、今後は本研修で実施した講義・演習と特別支援学級担任の支援ニーズに応じたコンサルテーションの組み合わせを提供する仕組みづくりが必要と考えられる。

　また、中学校では特別支援学級においても教科担任制がとられ、特別支援学級担任以外の教師が授業で指導を行うことが想定される。自立活動の時間における指導は、各教科等と密接な関連をもたせながら指導を行うことが重要とされる（文部科学省，2018）。自立活動がこのような性質をもつ指導領域であることを考えると、各教科担任が各々で教科の目標を設定するだけでなく、各教科と自立活動の時間における指導を関連させながら指導を行うことが求められる。例として、国立特別支援教育総合研究所（2016）における対象中学校の自閉症・情緒障害特別支援学級担任が交流学級担任と連携をとり、交流学級において自立活動の時間における指導の目標に関連した内容の行動変容が見られたかどうかを検討している。この例に見られるように、教科担任が特別支援学級で教科を指導する際は、特別支援学級担任と自立活動の指導目標を共有し、それと関連させた各教科で設定された目標に基づく授業づくりが求められる。

　謝辞：川崎医療福祉大学医療福祉学部医療福祉学科，大石博之専任講師（所属は当時）からは本研究に関する多大なる助言や協力を得た。ここに感謝の意を記す。

〈文　献〉

Alberto, P. A. & Troutman, A. C.（1999）Applied Behavior Analysis for Teachers（5th ed.）. Upper Saddle River, New Jersey: Merrill/Prentice-Hall.（佐久間徹・谷　晋二・大野裕史訳（2004）はじめての応用行動分析 第 2 版. 二瓶社 .）

藤井和子・窪田幸子・保坂俊介他（2018）知的障害のある児童生徒に対する自立活動の指導に関する基礎

的研究．上越教育大学研究紀要, 37(2), 469-478.

平澤紀子（2008）教師に対する機能的アセスメントに基づく行動問題解決支援の研修に関する評価．岐阜大学教育学部研究報告，人文科学, 56(2), 167-174.

平澤紀子・坂本　裕・大久保賢一他（2016）行動問題を示す発達障害幼児の支援教室担当者を対象とした行動支援計画の作成支援に関する検討．発達障害研究, 38, 90-99.

池田彩乃・安藤隆男（2017）特別支援学校との協働に基づいた小学校通常学級に在籍する脳性まひ児に対する個別の指導計画の作成―センター的機能を活用して．障害科学研究, 41(1), 209-219.

池田千穂・半田　健（2020）中学校特別支援学級担任を対象とした個別の指導計画作成に関する研修プログラムの効果．宮崎大学教育学部附属教育協働開発センター研究紀要, 28, 221-230.

猪子秀太郎・橋本俊顕・山王丸誠他（2014）保育士を対象とした応用行動分析学研修の効果測定―問題行動の原因推定力と解決策策定力の客観的な査定．特殊教育学研究, 52, 205-215.

加藤哲文（2000）行動問題．小出　進（編集代表）．発達障害指導事典 第二版．学習研究社, pp.184-185.

川合紀宗・竹林地毅・藤井明日香他（2011）特別支援教育に携わる教師に対する専門性向上のための研修体制に関する研究．発達障害支援システム学研究, 10, 27-34.

国立特別支援教育総合研究所（2016）「平成26年度～27年度専門研究B　特別支援学級に在籍する自閉症のある児童生徒の自立活動の指導に関する研究」研究成果報告書．

真鍋　健（2013）保育者と外部支援者との協働による個別の指導計画作成に関する研究―Linked System

における「アセスメント」から「目標設定」に焦点を当てて．保育学研究, 51(3), 355-367.

文部科学省（2018）特別支援学校教育要領・学習指導要領解説　自立活動編（幼稚部・小学部・中学部）.

文部科学省（2021）特別支援教育資料（令和2年度）第1部データ編. https://www.mext.go.jp/content/20211014-mxt_tokubetu01-000018452_2.pdf（2022年3月1日閲覧）

文部科学省（2022）免許法認定講習・公開講座・通信教育. https://www.mext.go.jp/a_menu/shotou/kyoin/010602.htm（2022年3月1日閲覧）

文部科学省初等中等教育局長（2022）特別支援学級及び通級による指導の適切な運用について（通知）. https://www.mext.go.jp/content/20220428-mxt_tokubetu01-100002908_1.pdf（2022年9月14日閲覧）

大羽沢子・井上雅彦（2007）特別支援学級担任の短期研修プログラムの開発と有効性の検討―学習指導場面における教授行動と学習行動の変容．特殊教育学研究, 45, 85-95.

大久保賢一・井口貴道・石塚誠之（2015）機能的アセスメントの実施を標的とした研修プログラムの効果―参加者が行う「情報収集」と「支援計画の立案」における変容の分析．行動分析学研究, 29, 68-85.

岡本邦広（2021）行動問題解決支援のための指導目標設定能力向上を目的とした教員養成指導プログラムの効果．発達障害研究, 42, 364-377.

岡本邦広・井澤信三（2012）行動問題を示す発達障害児をもつ家族との協働的アプローチにおけるメタ分析に基づいた効果的な協議の検討．発達障害研究, 34, 302-314.

Effect of training to acquire the basis of judgement leading to educational goal setting in *Jiritsu-Katsudo* for special needs class teacher

Kunihiro Okamoto（Niimi University）

Abstract: This study examined the possibility of selecting educational priorities based on（1）functional assessment of cases and（2）eight training perspectives for acquiring decision-making for goal setting in *Jiritsu-Katsudo* education. The participants were primary and middle school special support class teachers（$N=38$）. The training included analyzing behavioral problems through the functional assessment of antecedent and consequent conditions and studies prioritizing educational tasks（evaluating instructional tasks from eight perspectives on a five-point scale）. We examined the training efficacy using pre- and post-training exercises. The analysis of exercise descriptions indicated that pre- and post-training descriptions of antecedent and consequent conditions increased from 10 to 29 and 0 to 27, respectively. Changes in the descriptions of the target participants' "priority" pre- and post-training were as follows: Increased frequency of use of 8 viewpoints（including different pre- and post-training perspectives）（$N=14$）, use of multiple viewpoints out of 8（0 viewpoints used before training）（$N=15$）, use of viewpoints different from before training（frequency is and unchanged）（$N=3$）. There were also changes in descriptions of "urgency of improvement", "the impact on others", and "frequency of behavior", in the pre- and post-training of all participants. These results suggested that the number of participants describing the antecedent and consequent conditions increased after the training. This finding supported previous research suggesting that combinations of lectures and exercises based on behavior theory improve descriptions in antecedent and consequent conditions. In addition, there was a training effect because most participants used one of the eight perspectives after training, which was not the case before training, and selected the educational task's priority. Future research should examine the efficacy of practical studies in education after training and the environment for acquiring accurate *Jiritsu-Katsudo* knowledge and skills.

Key Words：special support class, *Jiritsu-Katsudo*, training, educational goals

The Japanese Journal of Autistic Spectrum 2023, Vol.20-2, 33-41

実践研究

発達障害児の不安症状と母親の精神的健康の改善を目的とした オンライン家族認知行動療法プログラムの開発と効果検証

Online, family-based, cognitive behavioral therapy program for anxiety symptoms of children with developmental disabilities and maternal mental health

野上　慶子（神戸大学大学院人間発達環境学研究科）
Keiko Nogami（*Graduate School of Human Development and Environment, Kobe University*）

山根　隆宏（神戸大学大学院人間発達環境学研究科）
Takahiro Yamane（*Graduate School of Human Development and Environment, Kobe University*）

■要旨：本研究では、発達障害児の不安症状とその母親の精神的健康の改善を目的とした家族認知行動療法（FCBT）プログラムを開発し効果検証を行うことを目的とした。10 ～ 12 歳の発達障害児の母親 5 名に対しオンラインによる FCBT プログラムを実践した。フォローアップでは、子どもの全般性不安障害の症状において大きな効果量と、母親の精神的健康や子どもの発達障害によるストレス、養育態度などに対し部分的な効果が確認された。考察では、無作為化比較対照試験の実施や第三者を含めた評定、親同士の交流の必要性が示唆された。

■キーワード：発達障害、不安、家族認知行動療法、親の精神的健康、養育態度

Ⅰ. 問題と目的

　近年、自閉スペクトラム症（autism spectrum disorder：ASD）や注意欠如・多動症（attention-deficit/hyperactivity disorder：ADHD）など、発達障害児の高い不安が報告されている（e.g., Ishimoto et al., 2019）。ASD や ADHD などに高い不安が併存すると、各々の症状による困難だけでなく、その他の問題にも発展しやすい。例えば、Bellini（2004）は ASD 児に不安症が併存すると、共感的スキル・主張的スキルの欠如や友人関係の悪化などがみられると示唆している。他方、不安症がある ADHD 児には、ASD と不安症の併存と同様の問題に加えて、強い不注意症状、学校に対する恐怖心、気分障害、低い社会的能力などの問題がみられ、その症状の長期化による物質乱用や行動問題への発展が示唆されている（Bowen et al., 2008）。

　先行研究では、5 歳児を対象とした調査において親の過干渉な養育態度が発達障害児の不安症状に影響を及ぼすことが報告されている（e.g., 足立他,

2017）。また、母親の不安症状と関連する要因として、ADHD 児の不安症（e.g., Pfiffner & McBurnett, 2006）や ASD 児の不安、抑うつ症状（Park et al., 2013）が示されている。

　その一方で、発達障害児の情動や行動の問題と親の精神的健康は、長期的には互いに影響し合うと指摘されている。山根（2013）は、子どもの発達障害によって生じるストレッサーにより、母親の抑うつ、不安感、無気力といったストレス反応が高まりやすくなると示しているほか、Hastings ら（2005）も ASD 児の問題行動増加により、母親のストレスが高まると報告している。また ADHD 児においても、情緒や行動の問題と親の精神的健康の問題が関連し合うと指摘されている（Johnston & Chronis-Tuscano, 2018）。

　以上より、発達障害児の不安症状に影響を及ぼす要因のひとつに母親の養育態度や精神的健康などが考えられる。しかし、子どもと母親の双方の要因は互いに影響し合っている可能性もあるため、さらなる問題の予防に向けて母親も含めた早期介入の必要性がある。

　これまで、発達障害児の不安症状に対しては認知行動療法（cognitive behavioral therapy：CBT）の効果

が検証されてきた。しかし、従来の CBT を発達障害児の不安症状へ適用するには有効性の面で限界があり、対象児の症状の精細な把握や年齢および発達障害の特性への配慮、介入への親の関与の必要性が示唆されている（Delli et al., 2018）。特に、介入への親の関与方法に注目すると、子どもの不安症状改善のために親の関わり方に焦点化した family CBT（FCBT）がある。FCBT は国際的に新しい手法であり、子どもだけでなく親の精神的健康や養育態度にも介入する CBT の一形式である（Creswell & Cartwright-Hatton, 2007）。Maric ら（2018）は、不安症のある発達障害児には、子どものみを対象とした child CBT（CCBT）よりも親子の交流方法や親自身の不安症状軽減のための指導をする FCBT が長期的に有効であると報告している。また、Creswell & Cartwright-Hatton（2007）は、親が不安症の場合 CCBT よりも FCBT が有益であると述べている。発達障害児の不安症状に対する国外の FCBT 研究のレビュー（野上・山根，2021）によると、養育態度だけでなく親の精神的健康にも介入する FCBT のような包括的介入が有益であると考えられるが、国内での実証的研究はほぼない。そこで本研究では、不安の高い発達障害児をもつ親を対象とした FCBT プログラムを開発し、発達障害児の不安症状や親の精神的健康などの軽減に対するプログラムの構成内容と実施方法の有効性を検証することを目的とする。

なお親を介入対象とする場合、本邦では育児を担うことが多いとされている母親への焦点化および介入参加時の母親の家事、育児、労働などへの支障に配慮することが求められる。さらに介入の有効性を検討する上で、COVID-19 の感染拡大の影響を踏まえる必要があることも推測される。そのため、本研究では介入の対象を母親とし、参加可能性の向上や感染症予防などを配慮したオンラインによる介入実践を行うものとする。

Ⅱ．方　法

1．プログラムの開発と実施者

介入プログラムの対象は発達障害全般かつ知的障害の有無を問わないものとして、定型発達児の不安症への介入方法（Wood & McLeod, 2008）と、発達障害児の不安症のための FCBT 研究（e.g., Drahota et al., 2011）を参考に開発した。また、母親自身の精神的健康の問題軽減に対しては Bogels（2019）を主に参照し、マインドフルネスのエクササイズと呼吸法を用いた。

プログラムの構成要素には、心理教育や不安刺激への馴化方法などや従来の CCBT を踏襲した内容に加えて、発達障害についての情報や、子どもの問題行動への対処方法（ポジティブ・ペアレンティング）、子どもに選択肢を日常的に与えること、自立行動の促進などの養育行動の教示も含めた。また、発達障害児をもつ母親の精神的健康を考慮し、子どもの将来に対する不安や日々のストレスなどに共感を示すとともに、子どものことで罪悪感を持たないように教示した上で、マインドフルネスと呼吸法を実践する流れとした（表1）。

マニュアルに基づく個別のセッション（各50分・全6回）を、オンラインビデオ会議ツール（ZOOM）を用いて実践した。マインドフルネスや呼吸法の他、各対象者が各々のニーズにあったポジティブ・ペアレンティングの実践（e.g., 親の先回り行動を控える）を選択し、ホームワークとして日常的に行うものとした。各セッション後には、教示内容に対する感想やホームワークの実施状況などに関するアンケート回答を求めた。

発達障害児やその親の支援方法を専門とする第2著者によるスーパーバイズのもと、特別支援教育と認知行動療法の基本的な知識を有する第1著者（以下、実施者）がプログラムを開発し介入を実践した。

2．プログラムの参加条件と募集手続き

発達障害で不安が高い小学生あるいは中学生の子どもをもち、ZOOM を使用可能な母親を対象とした。対象者の選定には、親評定の Spence Children's Anxiety Scale 日本語版（SCAS-P；Nauta et al., 2004；Ishikawa et al., 2014）と Autism Spectrum Screening Questionnaire（ASSQ；Ehlers et al., 1999）の日本語・短縮版（伊藤他，2014）、ADHD Rating Scale 日本語版（ADHD-RS；DuPaul et al., 1998；市川・田中，2008）を用いた。子どもの不安症状が国内の発達障害児の平均値（e.g., 外傷恐怖5.32点、全般性不安障害4.34点；Ishimoto et al., 2019）以上で、ASSQ の ASD 症状および／あるいは ADHD-RS の ADHD 症状がカットオフ値以上あることを条件とした。ASSQ では「独自の興味」、「社会性」、「友人関係」の3因子11項目を「いいえ：0」〜「はい：2」の3件法で、ADHD-RS では「不注意」と「多動・衝動性」の2因

表 1　プログラムの構成要素と内容

回	構成要素	親介在型子どもへのアプローチ内容	親へのアプローチ内容
1	オリエンテーション	発達障がいのある子どもの困難の理解	日常的な動作の集中、腹式呼吸法
2	ポジティブ・ペアレンティング	子どもの問題行動および高い不安症状への対処方法	水分補給、寝る前の呼吸法
3	心理教育	認知・身体・感情・行動のつながり、認知パターン・不安症状の発生メカニズムの理解	自分の認知パターンの理解、3 分間呼吸法
4	子どもの認知への働きかけ	子どもの非適応的な認知への働きかけ方・SST について	子どもの様子の観察、筋弛緩法を入れた呼吸法
5	子どもの回避行動への働きかけ	段階的エクスポージャーなどによる子どもの回避行動への働きかけ	自分の身体の動作や反応の意識化、片鼻呼吸法
6	これまでの振り返り	教示内容のおさらいと今後も継続してほしいことの教示	

子 18 項目を「ない、もしくはほとんどない：0」～「非常にしばしばある：3」の 4 件法で回答を求めた。ASSQ では 12 点以上、ADHD-RS では不注意・多動衝動性のいずれかが 90 パーセンタイル値以上を包括基準とした。また、子どもの性別、年齢、現在の診断名、知的水準、家族構成、母親の就労状況について回答を求めた。医師の診断の有無は条件に含めなかった。

　参加者の募集は本研究プログラムのホームページで行った。プログラムの説明では対象となる発達障害例として、ASD や ADHD 等と記載した。結果、6 名が応募し参加条件に合った 5 名が本研究の対象となった。

3．効果指標
（1）測定内容
①子どもの不安症状
　SCAS-P で介入前後に測定した。「分離不安障害」、「社交不安障害」、「強迫性障害」、「パニック障害」、「外傷恐怖」、「全般性不安障害」の 6 因子 38 項目を「ぜんぜんない：0」～「いつもそうだ：3」の 4 件法で回答を求めた。子どもの個人内で得点が高いものを、個々の特徴的な不安症状とみなし、介入内容を個々に調整した。
②母親の精神的健康
　Depression, Anxiety, Stress Scales（DASS；Lovibond & Lovibond, 1995）のウェブサイトにある日本語・短縮版（DASS-21）を用いた。「不安症」、「抑うつ症」、「ストレス」の 3 因子 21 項目を、「まったくそうではない：0」～「非常にそうである：3」の 4 件法で回答を求めた。
③母親の養育態度
　肯定的・否定的養育行動尺度標準版（PNPS；PNPS

開発チーム，2018）を用いた。「関与見守り」、「肯定的応答性」、「意思の尊重」、「過干渉」、「非一貫性」、「厳しい叱責・体罰」の 6 因子 24 項目を「ない・ほとんどない：1」～「非常によくある：4」の 4 件法で回答を求めた。
④養育ストレス
　発達障害児・者をもつ親のストレッサー尺度（DDPSI；Yamane, 2021）を用いた。「理解・対応の困難」、「将来・自立への不安」、「周囲の理解のなさ」、「障害認識の葛藤」の 4 因子 18 項目からなり、「全くなかった：0」～「よくあった：3」の 4 件法で経験頻度について回答を求めた。
（2）測定時期
　本研究の参加申し込み時に子どもの ASD および ADHD の症状と不安症状に関して、また、プログラム開始前（PRE）に母親の精神的健康や養育態度などを測定した。介入後の測定はプログラム終了から 1 週間後（POS）と 1 カ月後のフォローアップ時（FU）に行った。

4．倫理的配慮
　対象となる母親に対し、研究内容の趣旨や内容に加えて研究への協力は強制ではないこと、協力しない場合に不利益を被ることはないこと、個人情報の保護、研究協力に同意した後も同意を撤回できることを書面にて説明し、オンラインのアンケートフォームで同意を得た。なお、本研究は著者らが在籍する大学の研究倫理審査委員会による承認を得て研究を実施した。

5．統計解析
　本研究は少数の対象者であるため、プログラムの有効性の算出には、球面性逸脱に対する自由度補正に Huynh-Feldt の方法を用いて（入戸野，2004）、3

時点の被験者内計画分散分析と多重比較（Bonferroni
法）により平均値の比較を行った。また対象者が少数
であり検定力が低いことから、実質的効果を検討する
ために（水本・竹内，2008）、統計的有意かどうかに
かかわらず、PRE と FU を比較した効果量 Hedges' g
を算出した。効果量は 0.2 で小さい、0.5 で中程度、
0.8 以上で大きい効果と判断した。統計解析は HAD
Version16（清水，2016）で行った。

Ⅲ．結　果

1．プログラムの実施時期と参加者の特徴

X 年 4 月から 6 月末にかけてプログラムを実施し
た。参加者は不安が高い発達障害児（発達障害の疑
いも含む）の母親 5 名（平均年齢 44.4 歳、SD＝5.78
歳）であった（表 2）。子どもは 10 ～ 12 歳（平均年
齢 11.4 歳、SD＝0.8 歳）の男児 5 名であった。発達
障害の診断種別については、ASD2 名、ADHD1 名、
ASD と ADHD の併存 1 名、発達障害の疑いが 1 名
で、ASSQ および／あるいは ADHD-RS の症状での
包括基準を全員が満たしていた。5 名中 4 名が通常学
級（うち 1 名が通級指導教室利用）に、1 名が特別支
援学級に所属していた。知的水準については、3 名の
IQ が 73 ～ 121、2 名が不明（1 名が通常学級、もう 1
名が特別支援学級に所属）であった。家族構成は 2 ～
5 名で、母親の就労状況は正規雇用が 2 名、非正規雇
用 1 名、専業主婦が 2 名であった。1 名が FU 期で測
定をできなかった。

2．全参加者の平均値の変化

表 3 に全参加者の平均値の変化を示す。子どもの不
安症状に関しては、PRE と FU の比較で全般性不安
障害の平均値が有意に減少し（$F_{(2, 6)}=6.85, p<.05$）、
大きな効果量がみられた（$g=1.74$）。また有意ではな
いものの、分離不安障害や社交不安障害、外傷恐怖に
おいても小さい効果量が確認された（$g=.24-.34$）。

母親に関しては、DDPSI で、PRE、POS、FU の有
意差がなかったが、効果量は中程度以上であった（$g
=.49-.77$）。PNPS では、関与見守りで PRE と POS
の平均値で有意差がみられたが（$F_{(2, 6)}=21.00, p
<.01$）、PRE−FU 間の効果量は小さかった（$g=.36$）。
また、非一貫性では有意傾向（$p=.06$）で減少し効果
量大（$g=1.11$）、厳しい叱責・体罰は、有意傾向（$p
=.09$）で平均値の差があり、中程度の効果量であっ

た（$g=.52$）。加えて、過干渉は中程度の効果量（$g
=.53$）であった。DASS-21 の下位尺度では、有意差
はなかったが、抑うつ症状への効果量が中程度（$g
=.53$）、ストレスに関しては効果量大であった（$g=
1.27$）。

3．実践の経過と各参加者の個別の変化

第 1 回のセッションでは、プログラムの概要説明と
ともに、現在母親にどの程度のストレスや不安がある
かなどの情報共有を行った。第 2 回では、子どもの不
安症状を含む問題行動の対処方法を教示し、ホーム
ワークは子どもの問題に対処するためのポジティブ・
ペアレンティングを実践するものとした。ホームワー
クの実施後、「子どもの注意引き行動を肯定的に無視
することがストレスだ」という母親（ID2）には、実
施者がそのストレスを共感した上で、「私はこう感じ
ている」という文脈にして母親の気持ちを子どもに伝
える方法を教示した。また、「先回り行動を抑えるの
が難しい」という母親（ID3）には、「一呼吸して立
ち止まること」を実施者より助言した。第 3 回では、
心理教育として、身体・認知・感情・行動のつながり
について教示し、理解を深めるために母親自身の認知
パターンを探ることをホームワークとした。その翌週
には「これまで見過ごしていた子どもの言動にも注意
を向け、子どもの不安や思い込みの有無を問いかけて
みた」との報告もあった（ID2、ID4）。第 4 回では、
認知再構成法に基づき、子どもの認知に対する適切な
働きかけ方を教示した。第 5 回目では不安低減のため
の段階的エクスポージャーのメカニズムや自立行動の
促進、経験蓄積の重要性を説明した。第 6 回では振り
返りを行い、感想や個々の変化の有無を確認した。

ホームワークの実施については「呼吸法が気持ち良
い」と述べ、呼吸法やマインドフルネスを週 5 回以上
実践する母親もいた（ID2、ID4、ID5）が、これらに
取り組む様子がほぼない母親もいた（ID1）。しかし、
FU で現在も継続しているプログラム内容を確認し
たところ、回答者全員が呼吸法を、3 名（ID2、ID4、
ID5）が呼吸法とマインドフルネスの実践を報告した。

表 4 に各参加者の個別の変化を示す。全般性不安障
害と外傷恐怖では、POS にて悪化もみられたが（ID1、
ID5）、FU にはほぼ全員で得点が減少した。社交不安
障害については、FU までに 3 名で減少したが、2 名
で増加した（ID4、ID5）。その他、パニック障害や強
迫性障害では FU までに得点が増減（ID1、ID4）し
たほか、分離不安障害でも同様の変動（ID1、ID2、

表 2　本研究の参加者

ID	子どもの年齢	母親の年齢	家族構成	母親の就労状況	診断名	子どもの不安症状	特記事項
1	12	30 代	2	正規雇用	発達障害の疑い	社交不安障害	子どもが不登校／母親も不安高く服薬中
2	12	40 代	3	専業主婦	ADHD	外傷恐怖	子どもと両親は英語で会話
3	10	40 代	4	専業主婦	ASD	外傷恐怖	特別支援学級所属／母親に不安症の既往歴あり
4	11	50 代	5	非正規雇用	ASD／発達性協調運動障害／構音障害	社交不安障害	登校渋り、通級指導教室利用
5	12	40 代	2	正規雇用	ASD／ADHD	全般性不安障害	子どもに不登校経験あり／親子で国外在住

注. 全員が ADHD-RS：90 パーセンタイル以上および／あるいは ASSQ のカットオフ値（12 点）を上回っていた。

表 3　全参加者の平均値の変化（PRE・POS・FU）

尺度（N＝4）	PRE	POS	FU	F 値	多重比較	Hedges' g
子どもの不安症状（SCAS-P）						
パニック障害	0.25（0.50）	0.75（1.50）	0.5（1.00）	1.00	n.s	.28
分離不安障害	3.50（3.11）	4.25（4.57）	2.75（2.22）	1.17	n.s	.24
外傷恐怖	6.25（4.99）	6.25（5.56）	4.50（3.87）	3.13	n.s	.34
社交不安障害	3.00（2.58）	3.50（3.00）	2.25（1.50）	0.61	n.s	.31
強迫性障害	0.25（0.50）	1.00（1.41）	0.25（0.50）	2.46	n.s	.00
全般性不安障害	4.50（1.73）	5.25（3.78）	1.25（1.50）	6.85 *	PRE＞FU	1.74
養育ストレス（DDPSI）						
理解・対応の困難	5.50（3.70）	6.75（4.03）	3.25（2.99）	4.00	n.s	.58
将来・自立への不安	8.75（4.57）	7.00（6.58）	5.25（5.38）	1.08	n.s	.61
周囲の理解のなさ	3.25（2.99）	2.00（2.83）	1.00（2.00）	1.44	n.s	.77
障害認識の葛藤	6.25（4.27）	7.00（4.00）	4.00（3.74）	3.55	n.s	.49
母親の養育態度（PNPS）						
関与・見守り	9.50（1.29）	11.00（1.16）	10.00（1.16）	21.00 **	PRE＜POS	.36
肯定的応答性	13.25（2.50）	14.00（2.45）	13.50（3.32）	1.00	n.s	.07
意思の尊重	11.50（2.08）	12.00（3.16）	12.00（1.41）	0.06	n.s	.24
過干渉	7.75（2.22）	7.00（2.16）	6.50（1.92）	1.27	PRE＞FU	.53
非一貫性	9.25（1.26）	8.00（2.45）	7.00（2.16）	4.70 †	n.s	1.11
厳しい叱責・体罰	8.00（2.94）	8.50（3.32）	6.25（2.87）	3.79 †	n.s	.52
母親の精神的健康（DASS-21）						
不安	0.50（1.00）	0.00（0.00）	0.50（1.00）	0.43	n.s	.00
抑うつ	5.00（5.29）	9.50（15.09）	2.50（2.52）	0.53	n.s	.53
ストレス	11.50（4.73）	12.00（10.07）	5.00（4.16）	1.34	n.s	1.27

注 1. PRE は介入前、POS は介入終了 1 週間後、FU は介入終了 1 カ月後に測定
注 2. 多重比較は Bonferroni 法、Hedges' g は PRE-FU で算出
注 3. 各平均値の SD を（　）内に示す
† $p<.1$, * $p<.05$, ** $p<.01$

ID5）があったが、順調に減少する子ども（ID4）もいた。
　DDPSI では、POS で上昇後、PRE と同じ得点に戻る母親（ID4、ID5）や、POS では改善しなくても

FU で全得点が PRE より減少する者（ID1、ID2）もいた。PNPS では、関与見守りと肯定的応答性が POS で改善後、FU で元に戻る母親もいた。過干渉や厳しい叱責・体罰は FU まで含めると全員で減少し、非一

表4　各参加者の尺度得点の変化

ID	測定時期	子どもの不安症状 (SCAS-P)						養育ストレス (DDPSI)				母親の養育態度 (PNPS)						母親の精神的健康 (DASS-21)		
		パニック障害	分離不安障害	外傷恐怖	社交不安障害	強迫性障害	全般性不安障害	理解・対応の困難	将来・自立への不安	周囲の理解のなさ	障害認識の葛藤	関与見守り	肯定的応答性	意思の尊重	過干渉	非一貫性	厳しい叱責・体罰	不安	抑うつ	ストレス
1	PRE	1	8	13	6	1	6	7	11	2	7	8	10	12	7	9	7	0	0	8
	POS	3↑	11↑	14↑	7↑	3↑	10↑	7	14↑	0↓	9↑	10↑	11↑	8↓	9↑	7↓	8↑	0	32↑	26↑
	FU	2↓	6↓	10↓	4↓	1↓	3↓	4↓	7↓	0	3↓	9↓	9↓	13↑	6↓	7	4↓	2↑	6↓	10↓
2	PRE	0	1	6	2	0	2	8	10	7	9	9	16	14	10	11	12	0	2	12
	POS	0	1	4↓	1↓	0	1↓	10↑	0↓	2↓	9	10↑	16	15↑	7↓	10↓	11↓	0	0	10↓
	FU	0	2↑	4	1	0	0↓	2↓	0	0↓	4↓	9↓	16	12↓	8↑	8↓	10↓	0	2↑	6↓
3	PRE	5	12	12	9	11	10	5	12	7	4	12	14	12	10	10	12	16	0	12
	POS	5	11↓	10↓	6↓	9↓	6↓	7↓	12	0↓	2↓	13↑	15↑	13↑	8↓	9↓	6	24↑	8↑	18↑
	FU	—	—	—	—	—	—	—	—	—	—	—	—	—	—	—	—	—	—	—
4	PRE	0	3	1	4	0	5	0	2	0	0	10	14	9	5	8	5	0	6	8
	POS	0	2↓	1	5↑	1↑	4↓	1↑	3↑	0	1↑	12↑	16↑	14↑	4↓	5↓	4↓	0	2↓	2↓
	FU	0	1↓	1	6↑	0↓	2↓	0↓	2↓	0	2↓	11↓	16	13↓	4	4↓	4	0	2	4↑
5	PRE	0	2	5	0	0	5	7	12	4	9	11	13	11	9	9	8	2	12	18
	POS	0	3↑	6↑	1↑	0	6↑	9↑	11↓	6↑	9	12↑	13	11	8↓	10↑	11↑	0↓	4↓	10↓
	FU	0	2↓	3↓	2↑	0	0↓	7↓	12↑	4↓	9	11↓	13	10↓	8	9↓	7↓	0↓	0↓	0↓

注1. ID3は、FUでの回答が得られなかった。
注2. ↑は前回の測定時よりも点数の増加、↓は点数の減少を意味する。

貫性はID5以外でFUには減少していた。DASS-21では抑うつおよびストレス症状のPOSでの悪化(ID1、ID3)や、改善がみられた(ID5)。

全介入終了後の個々の変化や状況については、「親子の会話が増えた」(ID2、ID4)、「子どもの自立行動（調理・洗髪）が増えた」(ID3、ID4)、「子どもの成長に気付きやすくなった」(ID2、ID4)等と報告された。一方、「仕事が大変だ」(ID1、ID5)、「子どもの対人問題で学校から呼び出されて落ち込んだ」(ID5)等の報告もあった。またFUでは、「学校の遠足やキャンプに参加できた」(ID4、ID5)、「子どもを感情的に叱ることが減った」(ID1、ID2)が報告された。

IV. 考　察

本研究では、不安の高い発達障害児をもつ母親を対象としたFCBTプログラムを開発し、POSとFUに子どもの不安症状と親要因の変化を確認した。以下、プログラムの効果検証と効果がみられなかった指標の背景要因の検討を行い最後に今後の課題を述べる。

1. 子どもの不安症状への有効性

SCAS-Pでは、全般性不安障害の得点が有意に減少し（$p < .05$）、その効果量（$g = 1.74$）も大きかった。本プログラムでの教示により、子どもの自立行動が促進され自信向上につながったことや、親子間のやり取りから不安刺激への対処方法を子どもが獲得したことなどで、子どもの全般的な不安が減少したと思われる。同様の報告がDrahotaら（2011）にもあり、本研究と一致すると考えられる。加えて、本研究が開始された4月は国内の学校に所属する子どもの年度初めの時期であり、PREの時点では日常的に不安が高まりやすかったが、新しい環境に慣れていくに従い子どもの不安症状が減少した可能性も考えられる。

その他の不安症状で有意差がみられなかった点については、FCBTの有効性が介入終了から1年後に確認された報告（Maric et al., 2018）を踏まえると、より長期的に検証する必要性がある。特に、本研究では親を介して子どもの不安症状軽減に取り組んだため、セッションでの教示内容がどの程度、家庭で実践されていたのかを検討することが求められる。例えばID2では、子どもの外傷恐怖の改善を目的に段階的エクスポージャーに取り組もうとしたが、セッション期間中に実践する機会がなかったためPOSでの得点変化が

なく、FU になって減少がみられた。そのため、子ど
ものその他の不安症状に対する有効性については、更
なる測定を実施して検討することが望まれる。

2. 親の精神的健康と養育ストレスへの有効性

　DASS-21 では、介入前後の有意差はなかったが、
ストレスで大きい効果（$g=1.27$）が、抑うつ症状で
中程度（$g=.53$）の効果がみられた。この結果に関し
てはFU の測定時に、呼吸法の継続が全回答者から確
認されたため、日常生活での呼吸法の定着が特にスト
レス症状の軽減に役立っていた可能性が推察される。
他方、DDPSI においても介入前後の有意差はなかっ
たが、全下位尺度で中程度以上の効果量（$g=.49-.77$）
が示され、特に「周囲の理解のなさ」の効果量が大き
かった（$g=.77$）。この結果の背景として、3 名の回答
者が夏休み中に測定を行ったため、所属校との日々の
やり取りの減少が影響したことが推測される。また
留意すべき点として、SCAS-P や DASS-21 で改善し
ても DDPSI では変化がみられなかったケース（ID5）
である。子どもの不安症状や親の精神的健康が改善し
ても、発達障害児の親としての養育ストレスは一向に
解決されないケースもあると考えられ、本プログラム
の構成内容とは異なる対処方法が求められる可能性が
ある。

3. 養育態度への有効性

　PNPS では、POS 期の関与見守りの平均値で有意
に得点が増加していた（$p<.01$）。しかし、FU では 4
名で得点減少がみられたほか、その他の肯定的養育態
度でも、同様の変化がみられたが効果量は小さかっ
た。他方、否定的養育態度に関しては、非一貫性（$p=.059$）、厳しい叱責・体罰（$p=.086$）が有意傾向で
減少した。また効果量では、過干渉も含め、PRE-FU
間で中〜大（$g=.52-1.11$）であった。POS で養育態
度が悪化する母親（ID1、ID5）もみられたが、FU に
なると否定的な養育態度を取らなくても子どもの問題
に対処できるようになったと推測される。また、本プ
ログラムのポジティブ・ペアレンティングにより、母
親の養育態度が一貫したものとなって、子どもの問題
行動への叱責の減少や先回り行動を控えることが次第
に定着した可能性もある。特に過干渉に対する効果面
では、Drahota ら（2011）とも一致する結果であった
と考えられる。これらのことから、本プログラムで
は、肯定的養育態度は一時的に向上するものの維持が
難しいが、他方、否定的養育態度については一時的に

悪化をしても次第に改善する可能性が考えられる。

4. その他の要因の有効性への影響

　プログラムの有効性に影響するその他の要因とし
て、母親の育児負担感が大きいとプログラムの効果が
得難くなる可能性がある。例えば、ID1 と ID5 はい
ずれも生計、家事、育児を一人で担っていたため、大
きな育児負担感が窺われ、介入前の養育ストレスが
比較的高かった。ID1 では FU で改善がみられたが、
ID5 では PRE-FU 間で DDPSI の変化がなかった。特
に ID5 は、国外に居住していたため家族からのサポー
トがより不足した状況であった。家族からのサポー
ト不足と養育ストレスの増加が関連すること（山根,
2013）も踏まえると、本ケースでも、サポート不足に
よって本プログラムの効果が発揮されなかった可能性
が考えられる。

　親の精神的健康に関しては、ID1 と ID3 では介入以
前より抑うつや不安症の問題があったほか、介入期間
中も呼吸法やマインドフルネスの取り組みが相対的に
少なかった。母親の精神的健康の状態が影響し、本プ
ログラム内容の日常的な実践が容易でなかったと考え
られる。母親の精神的健康の問題がある場合は、呼吸
法やマインドフルネスをより簡単に導入できるような
工夫やセッション回数を増やす必要性が考えられる。

　さらに、本研究では特別支援学級の在籍児や通級指
導教室の利用児も含まれていたが、これらの子どもで
も不安症状の軽減がみられた。本研究の構成要素では
認知再構成法も含まれていたが、本プログラムでは主
に、親を介して不安刺激に徐々に慣れるような子ども
の行動面への働きかけを推奨していた。知的水準があ
まり高くない子どもにも効果がみられたのは、不安症
状に対し行動療法的アプローチを重視していたためと
推測される。

5. 今後の課題

　第一に、本研究ではサンプルサイズが少数であった
ため前後比較試験デザインによりプログラムの効果を
検証した。今後は、無作為化比較対照試験によってプ
ログラムの効果を検証していく必要がある。

　第二に、効果指標などの測定方法については、本研
究は母親の評定により全測定を行ったが、定型発達児
の不安症の診断では、親評定に子どもの自己評定を加
えることが推奨されている（石川, 2013）。また、子
どもの自己評定が難しい場合は、学校と連携した第三
者評定の実施も考えられる。今後は評定者を加えて多

面的に子どもと親の状態把握をしていくことが望まれる。

第三に、本研究では個別形式の介入を行ったが、一部の母親では発達障害児の親ストレスが改善されなかったため、プログラムの実施形式や内容を見直す必要がある。山根（2013）は親の会などのピアサポートと発達障害児の親ストレッサー軽減との関連を示している。本研究においても、「定型発達児の母親と交流しても、自分の子どもの問題を共有できず疎外感を感じる」という報告（ID2, ID5）があった。オンラインでは、対面と同等の満足感を得難いとも考えられるが、FCBTの実践時には各家庭の状況を配慮しながら、親同士の交流の場を提供することが求められるといえよう。

付記：本研究にご協力を頂きました保護者の方々に深く御礼申し上げます。本研究は明治安田こころの健康財団の助成により実施し、その一部は研究助成論文集で発表した。

〈文　献〉

足立匡基・髙栁伸哉・吉田恵心他（2017）親の肯定的・否定的養育行動と発達障害児の向社会的行動および内在化・外在化問題との関連. 発達研究：発達科学研究教育センター紀要, 31, 1-14.

Bellini, S.（2004）Social skill deficits and anxiety in high-functioning adolescents with autism spectrum disorders. Focus on Autism and Other Developmental Disabilities, 19, 78-86.

Bogels, S.（2019）Mindful Parenting: Finding Space to Be - In a World of to Do. Pavilion Publishing and Media Ltd..（戸部浩美訳（2020）マインドフルペアレンティング. 北大路書房.）

Bowen, R., Chavira, D. A., Bailey, K. et al.（2008）Nature of anxiety comorbid with attention deficit hyperactivity disorder in children from a pediatric primary care setting. Psychiatry Research, 157, 201-209.

Creswell, C. & Cartwright-Hatton, S.（2007）Family treatment of child anxiety: Outcomes, limitations and future directions. Clinical Child and Family Psychology Review, 10, 232-252.

Delli, C. K. S., Polychronopoulou, S. A., Kolaitis, G. A. et al.（2018）Review of interventions for the management of anxiety symptoms in children with ASD. Neuroscience & Biobehavioral Reviews, 95, 449-463.

Drahota, A., Wood, J., Sze, K. et al.（2011）Effects of cognitive behavioral therapy on daily living skills in children with high-functioning autism and concurrent anxiety disorders. Journal of Autism and Developmental Disorders, 41, 257-265.

DuPaul, G. J., Power, T. J., Anastopoulos, A. et al.（1998）ADHD Rating Scale- IV Checklists, Norms, and Clinical Interpretation. The Guilford Press.（市川宏伸・田中康雄監修（2008）診断・対応のためのADHD評価スケール ADHD-RS─チェックリスト, 標準値とその臨床的解釈. 明石書店.）

Ehlers, S., Gillberg, C., & Wing, L.（1999）A screening questionnaire for Asperger syndrome and other high-functioning autism spectrum disorders in school age children. Journal of Autism and Developmental Disorders, 29, 129-141.

Hastings, R. P., Kovshoff, H., Ward, N. J. et al.（2005）Systems analysis of stress and positive perceptions in mothers and fathers of pre-school children with autism. Journal of Autism and Developmental Disorders, 35, 635-644.

石川信一（2013）子どもの不安と抑うつに対する認知行動療法. 金子書房.

Ishikawa, S., Shimotsu, S., Ono, T. et al.（2014）A parental report of children's anxiety symptoms in Japan. Child Psychiatry & Human Development, 45（3）, 306-317.

Ishimoto, Y., Yamane, T., & Matsumoto, Y.（2019）Anxiety levels of children with developmental disorders in Japan: Based on reports provided by parents. Journal of Autism and Developmental Disorders, 49, 3898-3905.

伊藤大幸・松本かおり・髙栁伸哉他（2014）ASSQ日本語版の心理測定学的特性の検証と短縮版の開発. 心理学研究, 85, 304-312.

Johnston, C. & Chronis-Tuscano, A.（2018）Families and ADHD. In R.A. Barkley（Ed.）Attention-Deficit Hyperactivity Disorder: A Handbook for Diagnosis and Treatment, 4th edition. New York: The Guilford Press, pp.191-209.

Lovibond, S. H. & Lovibond, P. F.（1995）Manual for the Depression Anxiety Stress Scales. Sydney: University of New South Wales.

Maric, M., van Steensel, F., & Bögels, S.（2018）Parental involvement in CBT for anxiety-disordered youth revisited: Family CBT outperforms child CBT in the long term for children with comorbid ADHD symptoms. Journal of Attention Disorders, 22, 506-514.

水本　篤・竹内　理（2008）研究論文における効果量の報告のために―基礎的概念と注意点．英語教育研究, 31, 57-66.

Nauta, M. H., Scholing, A., Rapee, R. M. et al.（2004）A parent report measure of children's anxiety: Psychometric properties and comparison with child-report in a clinic and normal sample. Behaviour Research and Therapy, 42, 813-839.

入戸野宏（2004）心理生理学データの分散分析．生理心理学と精神生理学, 22（3）, 275-290.

野上慶子・山根隆宏（2021）自閉スペクトラム症と注意欠如・多動症児の不安症状に対する家族認知行動療法の研究動向．神戸大学大学院人間発達環境学研究科研究紀要, 14, 169-176.

Park, S., Park, M. H., Kim, H. J. et al.（2013）Anxiety and depression symptoms in children with Asperger syndrome compared with attention-deficit / hyperactivity disorder and depressive disorder. Journal of Child and Family Studies, 22, 559-568.

Pfiffner, L. J. & McBurnett, K.（2006）Family correlates of comorbid anxiety disorders in children with attention deficit/hyperactivity disorder. Journal of Abnormal Child Psychology, 34, 719-729.

PNPS 開発チーム（2018）PNPS マニュアル．金子書房.

清水裕士（2016）フリーの統計分析ソフト HAD―機能の紹介と統計学習・教育，研究実践における利用方法の提案．メディア・情報・コミュニケーション研究, 1, 59-73.

Wood, J. & McLeod, B.（2008）Child Anxiety Disorders: A Family-Based Treatment Manual for Practitioners. New York: W. W. Norton & Company, Inc..

山根隆宏（2013）発達障害児・者をもつ親のストレッサー尺度の作成と信頼性・妥当性の検討．心理学研究, 83, 556-565.

Yamane, T.（2021）Longitudinal psychometric evaluation of the developmental disorder parenting stressor index with Japanese parents of children with autism. Autism, 25, 2034-2047.

Online, family-based, cognitive behavioral therapy program for anxiety symptoms of children with developmental disabilities and maternal mental health

Keiko Nogami（Graduate School of Human Development and Environment, Kobe University）
Takahiro Yamane（Graduate School of Human Development and Environment, Kobe University）

Abstract: This study developed a family-based cognitive behavioral therapy（FCBT）program for anxiety symptoms of children with developmental disabilities and maternal mental health problems and examined the program's efficacy. Five mothers of children with developmental disabilities aged 10-12 years participated in the program. A follow-up study indicated a significant effect on reducing the children's generalized anxiety disorder symptoms and a partial impact on maternal mental health, parenting stress, and parenting styles. These findings suggest the need for randomized controlled trials, assessment by third parties, and opportunities to interact among parents.

Key Words : developmental disability, anxiety, family-based cognitive behavioral therapy, parental mental health, parenting style

The Japanese Journal of Autistic Spectrum 2023, Vol.20-2, 43-51

実践研究

知的障害と自閉症のある児童に対する
ピアノ演奏における運指指導

Piano fingering instruction for a child with intellectual disabilities and autism spectrum disorders

宮野　雄太（横浜国立大学教育学部附属特別支援学校）

Yuta Miyano（*Special Needs Education School, Faculty of Education, Yokohama National University*）

■要旨：本研究は、ピアノ演奏の上達を目指して、効果的な運指指導のあり方を検討することを目的とした。参加児は特別支援学校に通う知的障害と自閉症のある児童1名であった。参加児に対するWISC-Ⅳと行動観察をもとに、右手の5本指で鍵盤を弾くことを標的行動に、教員の手本および2つの視覚的プロンプトを段階的に用いて指導を行うことにした。評価として、指導の事前事後で同じテスト課題を実施した。運指指導を行った結果、A児の運指は事後テストで上達した。本研究を通して、WISC-Ⅳと行動観察をもとに標的行動と指導方法を設定することで、運指スキルを改善する効果的な指導を行いうることが明らかとなった。今後の課題として、対象とする事例を増やし、異なる認知プロフィールにある者への指導について検討することや、より信頼性の高い研究デザインを用いることが必要と考えられた。

■キーワード：余暇、ピアノ演奏、運指、WISC-Ⅳ、行動観察

Ⅰ．問題の所在と目的

　自閉症のある人の余暇活動への参加の程度は低く（Orsmond et al., 2004 ; Potvin et al., 2013）、余暇活動への満足度も低い状態にある（Stacey et al., 2019）。自閉症のある人が余暇活動に参加できる頻度が増えると、生活の質も向上することが明らかとなっている（Garcia-Villamisar & Dattilo, 2010）。余暇活動において、自閉症のある人が好むものは、対人的関わりが求められる程度が低い活動（例えば、水泳、写真撮影、収集活動）や、ルールが明確な活動（例えば、ボードゲーム）との指摘がある（Coyne et al., 2016）。ただし、中山（2013）は「自閉症の人たちの余暇には、決まった形があるわけではなく、一般の人たちと同じようにおのおの自分なりの余暇がある」と指摘しており、個々の余暇活動が異なることに留意が必要である。また、余暇については、活動への参加の程度だけでなく、余暇スキルの上達についても検討が必要である（真名瀬，2019；宮崎・井上，2008）。ある余暇スキルについて上達すれば、その活動はさらに楽しくなり、行動内在的強化随伴性をもつとされる（真名瀬，

2019）。よって、余暇活動への参加を支援するだけでなく、余暇スキルの上達を目的とした効果的な指導を行う必要がある。

　佐々木ら（2008）は余暇活動として世代や障害の有無にかかわらず広く定着している「音楽」に着目し、「障害児の障害特性や認知レベルに応じた楽器教育のできる指導者が少ない」ことを指摘している。自閉症のある人の中には、楽器演奏を余暇とする者もいることから、楽器演奏の上達を目的とした効果的な指導について検討が必要である。楽器演奏の上達として、運指というピアノの学習初期の指導内容がある（奥田，2018）。佐々木ら（2008）は、自閉症のある子どもを対象にしたピアノ演奏の指導において、「ピアノ演奏において、1本指や一貫性のない指の使い方ではリズムの改善に限界があり、適切な指の使い方を指導する」ことが重要としている。Greer（1980）によると、運指は音楽的表現を支える「音楽的予備行動」の一つであり、音楽的表現を行うために確立が必要な行動の一つである。以上より、ピアノ演奏の上達において、運指の指導方法について検討する必要がある。わずかではあるが、自閉症のある児童を対象に運指指導を行った研究がある（青木他，2021；奥田他，1999；

佐々木他，2008）。運指指導においては、身体プロンプト（青木他，2021；奥田他，1999）、指差しプロンプト（奥田他，1999）、右手に貼った指番号のシールと鍵盤に貼った指番号を示すシールの見本合わせの指導（奥田他，1999）、楽譜の下部に付した指番号の見本（佐々木他，2008）が、正しい運指のために用いられている。しかしながら、運指指導について、次の2つの研究課題がある。

第1に、運指の正確性について測定が必要である。青木ら（2021）と佐々木ら（2008）では、運指の指導が行われているものの、従属変数として運指の正確性は測定されていない。また、奥田ら（1999）は運指の正確性について報告をしているものの、指導プログラム全体に渡るものではない。よって、自閉症のある人がどのように運指を獲得するか定量的に示し、指導効果の検討を行う必要がある。

第2に、指導方法と認知処理様式の関連性についての検討が必要である。上野ら（2015）が「すべての臨床群が常にその群の集団としての典型的なプロフィールに合致するとは限らない」と述べているように、同じ自閉症の診断を受けているものであっても、認知処理様式は一定でなく、認知処理の得意な様式が個々に異なる。そのため、指導者が提示する指導方法と、研究参加者の認知処理様式との関連性を示す必要がある。

そこで、本研究は、自閉症のある児童のピアノ演奏の上達を目指して、運指の定量的測定および研究対象の認知処理様式と指導方法の関連を示した上で、効果的な運指指導のあり方を検討することを目的とする。運指指導にあたって、WISC-Ⅳ（Wechsler Intelligence Scale for Children-Fourth Edition）および行動観察に基づいて標的行動と指導方法を設定し指導を行う。また、先行研究同様に、研究者による指導成果に基づき、家庭への実践の移行を行う。そして、①運指指導の成果、②アセスメントに基づいた効果的プロンプト、③2つの視覚的プロンプトの効果の3点を検討した。

Ⅱ．方　法

1．参加児

本研究の参加児は、特別支援学校に通う男子児童1名であった（以下、A児とする）。A児は特別支援学校に通う小学部3年生であり、知的障害と自閉症のあ

る児童であった。研究開始時に実施したWISC-Ⅳにおいて、合成得点（90％信頼区間）は、FSIQ（Full Scale IQ）64（61-71）、VCI（Verbal Comprehension Index）51（49-63）、PRI（Perceptual Reasoning Index）85（79-94）、WMI（Working Memory Index）65（61-75）、PSI（Processing Speed Index）81（76-91）であった。また、SRS-2（Social Responsiveness Scale Second Edition）における保護者評定の結果は、総合得点73、SCI（Social Communication and Interaction）71、RRB（Restricted Interests Repetitive Behavior）75であった。A児の日常の様子について、母親に聞き取ると次の通りであった。コミュニケーションにおいては、長い会話はできず、自分の興味がないことについては会話を続けようとしないものの、言葉を使って話すことができた。身体の動きについては、歩き方・走り方がぎこちないものの、ブロックの組み立てなど指先を使った活動は得意であった。生活面では、荷物の用意、歯磨き、排便後のお尻拭きに支援を必要としていたが、食事や更衣に関しては自立していた。

2．倫理的配慮

A児の保護者に口頭で研究内容と研究成果の公表について説明を行い、書面で承諾を得た。また、発表にあたって、筆者の所属長の承諾を得た。

3．指導期間、指導場所および指導者

指導期間は、X年度9月から3月までの5カ月間であった。初めの3カ月間の指導場所は、A児の通う特別支援学校の教室であった。指導は、A児が登校した後の10分間程度の個別学習の時間、または45分間の個別学習の授業の一部を利用して実施した。指導者は、研究時にA児の担任であった筆者が行った。そして、3カ月の指導後、ピアノ演奏をA児の宿題の一部とし、家庭で学習を行った。家庭では、保護者が学習の様子を適宜見守った。

4．研究デザイン

第1に、事前事後比較デザインを用いて、2種のテスト課題を指導の事前事後でそれぞれ3回ずつ実施し、演奏スキルの変化を示した。第2に、練習課題における演奏スキルを測定し、指導経過を示した。第3に、指導後、A児の母親に宿題の社会的妥当性に関するアンケートを実施し、ピアノ演奏に関する宿題の社会的妥当性を示した。

5．アセスメント

　Wehman & Schleien（1980）は、余暇活動の指導において、個々の活動を適切に選択した上で指導する必要があると指摘している。そこで、標的行動および指導方針を検討するために、WISC-Ⅳとピアノ演奏スキルの行動観察を実施した。第 1 に、WISC-Ⅳの結果に基づいたアセスメントについて記す。WISC-Ⅳは、事前テストの実施前に筆者が行った。WISC-Ⅳの指標得点のディスクレパンシー比較を行うと、PRI-PSI 間以外で、15％水準で有意差があった。指標得点間に有意な差があったことから、FSIQ は解釈しなかった。A 児の個人間差を確認するため、指標得点（区間推定）を記述分類した。その結果、VCI は「非常に低い」、PRI は「低い～平均」、WMI は「非常に低い～低い」、PSI は「低い～平均」であった。また、A 児の個人内差における大きな差を確認するため、Flanagan & Kaufman（2009）の提案する 1.5 SD（23 点）以上の差が指標得点間にあるか確認した。その結果、VCI-PRI 間で－34 点差（標準出現率 1.6％）、VCI-PSI 間で－30 点差（標準出現率 4.7％）であった。WISC-Ⅳの結果は、A 児が「教員による言葉での説明が多いとうつむくことが多い」「自分から言葉で話しかけることが少ない」「学校の休み時間にブロックの組み立て説明書を見ながら、素早く正しくブロックを構成する」等の様子と一貫性があった。以上より、A 児は、言語概念化や言語理解が苦手である一方、相対的に視覚的情報を素早く正しく捉えることが得意であると考えられた。そこで、ピアノ演奏の学習において、言語説明ではなく視覚的情報を用いて指導することにした。ただし、相対的な強みである PRI と PSI も、区間推定によると「低い」可能性があることに留意が必要であった。市販の教材や小学校の音楽の教科書等にも、佐々木ら（2008）の用いたような指番号の見本が記載されていることが多い（奥田，2018）。しかし、指番号の見本のような一般的な視覚支援だけでは、A 児の PRI と PSI の結果を踏まえると、運指を学ぶにあたって十分ではない可能性があった。そこで、指導の初期では、奥田ら（1999）の指番号シールを参考にした指導を行い、A 児の運指が向上してから、より汎用的な指番号の見本へと視覚的プロンプトを段階的に変更することにした。

　第 2 に行動観察に基づいたアセスメントについて記す。行動観察も、事前テストの実施前に行った。A 児は、休みの時間に、授業で用いた『はじめてのピアノ　かわいいおとえほん（さいとう，2017）』という

ピアノ絵本を弾いて過ごすことがあった。そこで、A 児がピアノ絵本を弾く様子を観察した。なお、このピアノ絵本は、「ハッピー・バースディ・トゥ・ユー」「きらきらぼし」などの曲が 9 曲含まれているものであった。また、楽譜には、カタカナと色を使って音階が示されており、付属の鍵盤も対応するようにカタカナと色を使って音階が示されていた。A 児は、ピアノ絵本の楽譜を確認し、右手の人差し指だけを使って、楽譜に示された通りの順番で鍵盤を押して弾いていた。次に、音名のシールが鍵盤に貼られたミニ電子キーボードとピアノ絵本の楽譜を提示し、電子キーボードを弾く様子を観察した。すると、ピアノ絵本で行動観察した時と同様に、鍵盤を人差し指だけで押して弾いていた。以上より、A 児がピアノ演奏スキルを向上させるために、A 児に右手の 5 本の指を使って弾く運指の指導が適切な目標であると判断した。

6．標的行動、測定方法および分析方法

　アセスメントをもとに、標的行動は「右手の 5 本指を、ミニ電子キーボードの『ド、レ、ミ、ファ、ソ』の鍵盤に割り当てて弾く」とした。事前・事後テストおよび練習課題の測定は、A 児が鍵盤を弾く様子を、鍵盤と A 児の右手が映る位置から、ビデオカメラ（SONY アクションカム HDR-AS300）で撮影して行った。1 つの試行は、1 つの楽譜を初めから終わりまで弾くこととした。評定は、撮影した動画を用いて、A 児が 1 小節弾くのを区切りに動画の停止と再生を繰り返して行った。評定に用いた記録用紙の例を図 1 に示した。小節に 4 つの音が含まれていれば、その 4 つの音に順に A、B、C、D と記号を振った。

　評定は、3 つの観点で行った。1 つ目の観点は、5 本の指を各鍵盤に正しく割り当てて弾くことができるかどうかであった（「運指」評価）。ドの鍵盤を親指、レの鍵盤を人差し指、ミの鍵盤を中指、ファの鍵盤を薬指、ソの鍵盤を小指で弾けたかどうかを確認した。正しい指で弾くことができたら正反応とした。そして、正反応数を楽譜に示された音符の数で除し、正反応率を試行ごとに示した。なお、記録用紙において指は指番号で示すことにし、親指を 1、人差し指を 2、中指を 3、薬指を 4、小指を 5 で示した。例えば、ある小節が図 1 の上段のように、1、2、3、2 という指順で弾くように構成されているとする。もし、A 児が 1、2、3、2 と正しい指で弾くことができた場合、A、B、C、D はすべて正反応とする。もし、A 児が 2、3、3、2 という指順で弾いた場合、C と D は正反

応、AとBは誤反応とする。

2つ目の観点は、楽譜に示された順に正しい音を弾くことができるかどうかであった（「音」評価）。これは、音の連なりである旋律の正確さを評価するものの1つであった。正しく音を弾くことができれば正反応とした。そして、正反応数を楽譜に示された音符の数で除し、正反応率を試行ごとに示した。例えば、ある小節が図1の下段のようにミ、ファ、ミ、レという順で構成されているとする。もし、A児がミ、ファ、ミ、レと正しい順で弾くことができた場合、A、B、C、Dはすべて正反応とする。もし、A児がミ、レ、ミ、ファと弾いた場合、AとCは正反応、BとDは誤反応とする。

3つ目の観点は、小節ごとに音の系列を正しく弾くことができるかどうかであった（「系列」評価）。これも、2つ目の観点同様に旋律の正確さを評価するものの1つであった。1小節に含まれた音を、正しい順で弾くことができたら、その小節を正反応とした。また、1小節に含まれた音を1つでも間違ったり弾き漏れがあったりしたら、その小節を誤反応とした。そして、正反応数を楽譜に示された小節の数で除し、正反応率を試行ごとに示した。この3つ目の観点については、旋律の正確さについて小節を区切りに評価することができるが、弾く音の数が少ない小節は、弾く音の数が多い小節と比べて難易度が下がってしまい、採点の一貫性が崩れるという課題がある。先行研究では、旋律の正確さを評定するにあたって、この小節ごとの評定が行われている（青木他, 2021；佐々木他, 2008)。そのため、本研究では、2つ目の観点で1音ずつ評価することに加えて、3つ目の観点として小節ごとの評価も示すことにした。

なお、A児が弾き直しを行った場合、弾き直すまでに弾いた音については、その時点で評価した。その後、弾き直した後に初めて弾いた音から続けて評価を行った。分析は、3つの正反応率を楽譜ごとに1つのグラフに示して行った。

	1小節			
	A	B	C	D
指番号	1	2	3	4
音	ド	レ	ミ	レ

	1小節			
	A	B	C	D
指番号	3	4	3	2
音	ミ	ファ	ミ	レ

図1　記録用紙の例

7. 教材・用具

第1に、練習課題およびテスト課題は、いずれもVan de Velde（1947）の『メトードローズ・ピアノ教則本――ピアノ一年生』の「5本の指――となりあった音程の練習」から選定した。運指の教材の中でも、隣り合った指の動きだけを練習する楽譜であり、運指の学習に始めて取り組むA児に適切な教材であった。なお、練習課題とテスト課題は、難易度が同程度になるように選定した。練習課題は「5本の指――となりあった音程の練習」の1番と3番を用いた。テスト課題には、「5本の指――となりあった音程の練習」の2番と4番を用いた。練習課題で用いた1番とテスト課題で用いた2番は、どちらも計6小節21音で構成され、難易度が同程度であった。また、練習課題で用いた3番とテスト課題で用いた4番は、どちらも計8小節29音で構成され、難易度が同程度であった。練習課題およびテスト課題は、課題ごとにA4の厚紙1枚に貼り付けて利用した。また、指番号や階名の記載がない箇所について、筆者が追記して全ての指番号と階名を確認できるようにして用いた。第2に、アセスメント、練習およびテストは、いずれもミニ電子キーボード（CASIO SA-45）を用いた。鍵盤には、本研究の演奏で使う鍵盤に階名を記したシールを貼って利用した。

8. 社会的妥当性

本研究終了時、A児の母親に本研究で行ったピアノ演奏の宿題について、社会的妥当性に関するアンケートを実施した。アンケートは、選択回答と自由記述回答の2種で構成した。選択回答の質問項目は「Aさんは、ピアノ演奏の宿題が好きだったと思う」「Aさんは、5本指を使ってピアノを演奏することが、上達したと思う」「Aさんにとって、ピアノ演奏の宿題は負担があったと思う（反転項目)」「ピアノ演奏の宿題において、手立ては有効だったと思う」「ご家族にとって、ピアノ演奏の宿題はわかりやすいものであったと思う」「ご家族にとって、ピアノ演奏の宿題は負担があったと思う（反転項目)」「ピアノ演奏の宿題を、今後も継続していきたいと思う」の7項目とした。回答選択肢は、いずれも「全くそう思わない」

「あまりそう思わない」「どちらともいえない」「少しそう思う」「とてもそう思う」とした。自由記述回答では、「ピアノ演奏の宿題について、ご感想・ご意見があれば、ご記入ください」と依頼し、回答を得た。

9．手続き

(1) 事前テストの実施

テスト課題 1 およびテスト課題 2 について、それぞれ 3 回ずつ実施した。弾く順番は、まずテスト課題 1 を連続 3 回弾き、次にテスト課題 2 を連続 3 回弾くようにした。

(2) 指導および練習

はじめに、練習課題 1 のみを用いて指導した。5 本の指を使って弾くことを教示するために、筆者の右手の指先に指番号シールを貼り、5 本の指を使って弾く手本を A 児に示した。手本において、筆者は左手で楽譜の指番号を指差しし、A 児の確認を促した。その後、奥田ら（1999）を参考に、A 児の指に指番号シールを貼り、5 本の指を使って弾くように伝えた。練習課題 1 を 8 試行終えてから、練習課題 2 の指導を開始した。A 児が練習課題 2 に初めて取り組む前に、練習課題 1 同様に筆者の手本を示した。その後、A 児は練習課題 1 と練習課題 2 の練習を交互に行った。1 日あたりの練習回数は 1 から 4 試行であり、授業時間や学校行事の状況に合わせて調整した。練習課題 1 を 8 試行、練習課題 2 を 4 試行終えた時点で、指番号シールに代えて、右手のイラストに指番号が書かれた指番号の見本を、ピアノを演奏する机に置いて練習するようにした。なお、佐々木ら（2008）では、楽譜に指番号の見本を付していたが、楽譜とプロンプトの弁別を明瞭にし、指番号の見本への着目が容易になるように、楽譜とは独立した指番号の見本を作成し提示した。

(3) 事後テストの実施

2 つの練習課題で正反応率 100％が 5 回以上続いたところで指導を終え、事後テストを実施した。事後テストは、事前テストと同じ方法で行った。具体的には、テスト課題 1 およびテスト課題 2 について、それぞれ 3 回ずつ実施した。弾く順番は、まずテスト課題 1 を連続 3 回弾き、次にテスト課題 2 を連続 3 回弾くようにした。

(4) 宿題の実施

A 児のピアノ演奏スキルの上達について、A 児の母親に報告した。また、A 児にとって適切な課題や、効果のあった教材と用具についても説明した。報告

と説明を進める中で、家庭でも運指の練習に取り組むことになり、宿題として A 児に提示することにした。宿題は、A 児の母親が教材を検討し、KMP 編集部（2018）の『初心者でも弾ける！　白鍵＆右手だけで弾ける♪こどものうた——指番号＋音名ふりがな＋歌詞付き！』という教材を用意した。この教材は、楽譜に指番号と音名が記されており、A 児が練習したように右手だけで弾くことができる教材であった。筆者は、A 児の母親が用意した教材を、学校で使用した指番号の見本とともに、宿題として A 児に渡した。また、家で 1 曲弾いたらシールを 1 枚貼ることのできる宿題確認表も A 児に渡した。A 児には、帰宅したら宿題の一部としてピアノ演奏に取り組み、次の日に楽譜・指番号の見本・宿題確認表を学校に持ってくるように伝えた。宿題の量は、他の宿題の量とのバランスを踏まえて、1 日あたり 1 〜 3 曲とした。A 児は、毎日ピアノの宿題を要望したことから、原則毎日宿題として出した。

Ⅲ．結　果

1．練習課題の経過

(1) 練習課題 1

練習課題 1 は、計 26 試行実施した。練習課題 1 の経過を図 2 に示した。試行 5 で全ての観点の正反応率が 100％となったが、試行 9 以降再び正反応率が低下した。そして、試行 15 以降、3 つ全ての観点いずれも正反応率 100％が続くようになった。

(2) 練習課題 2

練習課題 2 は、計 22 試行実施した。練習課題 2 の経過を図 3 に示した。試行 1 から 5 まで、3 つの観点いずれも正反応率 80％以上であったが、試行 6 以降いずれの観点も正反応率が安定しなくなった。そして、試行 17 以降、3 つの観点いずれも正反応率 100％が続くようになった。

2．テスト課題

(1) テスト課題 1

テスト課題 1 の結果を図 4 に示した。第 1 に、運指の正反応率は、事前テストの 1 回目が 33％、2 回目が 29％、3 回目が 29％であった。そして、事後テストの 1 回目が 90％、2 回目が 100％、3 回目が 100％であった。第 2 に、音の正確性の正反応率は、事前テストの 1 回目が 95％、2 回目が 100％、3 回目が 100％

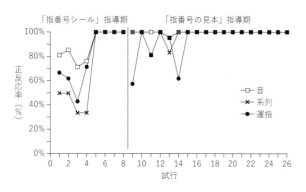

図2　練習課題1の練習経過

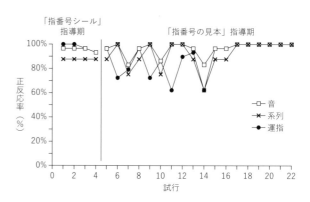

図3　練習課題2の練習経過

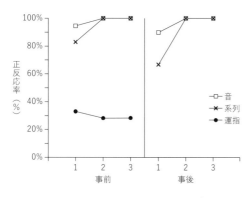

図4　テスト課題1の結果

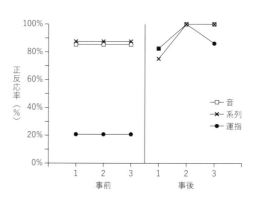

図5　テスト課題2の結果

であった。そして、事後テストの1回目が90％、2回目が100％、3回目が100％であった。第3に、系列の正反応率は、事前テストの1回目が83％、2回目が100％、3回目が100％であった。そして、事後テストの1回目が67％、2回目が100％、3回目が100％であった。

（2）テスト課題2

　テスト課題2の結果を図5に示した。第1に、運指の正反応率は、事前テストの1回目が21％、2回目が21％、3回目が21％であった。そして、事後テストの1回目が83％、2回目が100％、3回目が86％であった。第2に、音の正確性の正反応率は、事前テストの1回目が86％、2回目が86％、3回目が86％であった。そして、事後テストの1回目が83％、2回目が100％、3回目が100％であった。第3に、系列の正反応率は、事前テストの1回目が88％、2回目が88％、3回目が88％であった。そして、事後テストの1回目が83％、2回目が100％、3回目が86％であった。

3．宿題および社会的妥当性

　A児は、宿題としてピアノの運指練習に取り組ん

だ。宿題の未実施はなかった。宿題に関する社会的妥当性のアンケートについて、結果を表1に示した。選択式項目への回答結果は、「Aさんは、ピアノ演奏の宿題が好きだったと思う」が「とてもそう思う」、「Aさんは、5本指を使ってピアノを演奏することが、上達したと思う」が「とてもそう思う」、「Aさんにとって、ピアノ演奏の宿題は負担があったと思う（反転項目）」が「全くそう思わない」、「ピアノ演奏の宿題において、手立ては有効だったと思う」が「とてもそう思う」、「ご家族にとって、ピアノ演奏の宿題はわかりやすいものであったと思う」が「とてもそう思う」、「ご家族にとって、ピアノ演奏の宿題は負担があったと思う（反転項目）」が「全くそう思わない」、「ピアノ演奏の宿題を、今後も継続していきたいと思う」が「とてもそう思う」であった。また、自由記述欄には、「最初は、A児にはピアノは難しいのではないかと思いましたが、本人の『ピアノが好き』という気持ちと、ピアノを弾く能力を引き出して頂き、大変嬉しく思っております。ピアノを演奏する事が、鉄道以外の余暇になってくれたら良いと思っています。」と記述があった。

表1　運指の宿題に対する社会的妥当性の評価

	質問項目	評価
1	Aさんは、ピアノ演奏の宿題が好きだったと思う。	とてもそう思う
2	Aさんは、5本指を使ってピアノを演奏することが、上達したと思う。	とてもそう思う
3	Aさんにとって、ピアノ演奏の宿題は負担があったと思う。#	全くそう思わない
4	ピアノ演奏の宿題において、手立ては有効だったと思う。	とてもそう思う
5	ご家族にとって、ピアノ演奏の宿題はわかりやすいものであったと思う。	とてもそう思う
6	ご家族にとって、ピアノ演奏の宿題は負担があったと思う。#	全くそう思わない
7	ピアノ演奏の宿題を、今後も継続していきたいと思う。	とてもそう思う

#は反転項目を示す。

Ⅳ. 考　察

1. 指導の成果

　事前テストと事後テストを比べると、2種のテスト課題いずれにおいても運指の正反応率が向上した。また、テスト課題1においては2回、テスト課題2においては1回、事後テストの正反応率100％となった。また、宿題として家庭でも運指の練習を行うと、A児は母親が用意した新たな楽譜も5本の指を使って弾くことができた。よって、A児は「右手の5本指を、ミニ電子キーボードの『ド、レ、ミ、ファ、ソ』の鍵盤に割り当てて弾く」ことができるようになっており、本研究の指導に効果があったことを確認できた。

2. アセスメントに基づいた効果的プロンプト

　本研究では、アセスメントの結果、A児が視覚的情報を処理することが得意であったことを踏まえて、筆者の手本、指番号シール、指番号の見本といったプロンプトを用いた。これにより、A児の標的行動の獲得を促すことができた。本研究で用いた指番号シールと指番号の見本は視覚的プロンプトであり、先行研究同様に視覚的プロンプトの効果を確認することができた（佐々木他, 2008）。ただし、自閉症であるから「指番号シール」「指番号の見本」とするのではなく、あくまでアセスメントに基づいたプロンプトの検討が行われるべきである。また、A児は個人内差として視覚的情報の処理が得意なものの、個人間差を確認すると視覚的情報の処理能力が低い可能性もあった。本研究では、これらの認知処理様式の実態を把握し、指導初期段階で奥田ら（1999）の指番号シールを取り入れ、運指の速やかな獲得につなげることができた。以上のような検討が必要であることからも、アセスメントに基づいたプロンプトの検討は重要である。

3. 2つの視覚的プロンプトの効果

　本研究では、奥田ら（1999）の指番号シールと佐々木ら（2008）の指番号の見本を参考に、段階的に活用することで運指の獲得を目指した。指番号の見本は机に置くだけで良いが、指番号シールは指にシールを貼る手間がある上に使い回すことができないという特徴がある。一見すると指番号の見本の方がプロンプト提示にかかる負担が少なく望ましいように見えるが、指番号シールの方が手元で確認できるプロンプトであることから運指スキルの正反応を喚起しやすい。A児の練習経過に着目すると、指番号シールから指番号の見本へとプロンプトを変更したことに伴って、運指の正反応率が一時不安定になった。練習課題1については、試行5で正反応率が100％になるものの、試行9から再び正反応率が不安定になった。また、練習課題2についても、試行1から5まで、3つの観点いずれも正反応率80％以上であったが、試行6よりいずれの観点も正反応率が不安定になった。これら正反応率の不安定さは、プロンプトを変更後に徐々に始まったものであり、2つのプロンプトにはプロンプトの確認に必要な視線移動距離の違いがあることを示唆している。よって、指番号シールが指番号の見本よりプロンプトの確認に必要な視線移動距離が短いことを踏まえると、A児のようにPRIとPSIの水準が低い可能性がある場合、運指指導の初期段階では指番号シールを用いることが望ましいと考えられる。つまり、運指指導の初期段階では、正反応を喚起しやすいプロンプトである指番号シールを提示し、正反応率が高くなり指の動きが分化したところで、指番号の見本によるプロンプトへと変更するという、視覚的プロンプトの段階的導入が効果的と考えられる。

4. 本研究の課題

　本研究は一事例が対象であったことから、A児と異なる認知プロフィールの者にどのような指導が良いかは検討できていない。そのため、今後は複数の事例を対象にした検討が必要である。また、測定データについて、観察者間一致率の確認がなく、家庭での宿題においては運指の測定データがなかった。よって、よ

りデータの信頼性を高められる研究デザインを用いて検討する必要がある。

〈文　献〉

青木康彦・佐々木かすみ・野呂文行（2021）自閉スペクトラム症児におけるピアノ演奏発表に向けた指導の検討．自閉症スペクトラム研究, 19(1), 87-96.

Coyne, P., Klagge, M. L., & Nyberg, C.（2016）Developing Leisure Time Skills for People with Autism Spectrum Disorders, Revised & Expanded 2nd Edition. Future Horizons Inc, TX.

Flanagan, D. P. & Kaufman, A. S.（2009）Essentials of WISC-Ⅳ Assessment, Second Edition. New Jersey: Jhon Wiley & Sons, Inc..（上野一彦監訳（2014）エッセンシャルズ　WISC-Ⅳによる心理アセスメント．日本文化科学社.）

Garcia-Villamisar, D. A. & Dattilo, J.（2010）Effects of a leisure programme on quality of life and stress of individuals with ASD. Journal of Intellectual Disability Research, 54(7), 611-619.

Greer, R. D.（1980）Design for Music Learning. New York: Teachers College Press.（石川信生訳（1990）音楽学習の設計．音楽之友社.）

KMP編集部（2018）初心者でも弾ける！　白鍵＆右手だけで弾ける♪―こどものうた　指番号＋音名ふりがな＋歌詞付き！．KMP出版.

真名瀬陽平（2019）自閉スペクトラム症と知的発達症のある男性に対する9マス将棋における遊びスキルの向上を目指した指導．障害科学研究, 43, 173-181.

宮崎光明・井上雅彦（2008）自閉症児における「はさみ将棋」の指導―条件性弁別訓練と行動連鎖法を用いたルール理解の促進．発達心理臨床研究, 14, 143-154.

中山清司（2013）自閉症の人の余暇の問題．中山清司（編）自閉症支援のスタンダードVer.2　～余暇支援の展開～．自閉症eサービス, pp.4-9.

奥田順也（2018）小学校低学年における鍵盤ハーモニカの運指を指導するための学習プロセスの構築とその有用性に関する研究―授業実践から得られたデータを用いて．教育実践学研究, 21, 51-75.

奥田健次・服部恵理・島村康子他（1999）自閉症児のピアノ指導と余暇活動レパートリーの拡大．障害児教育実践研究, 6, 49-61.

Orsmond, G. I., Krauss, M. W., & Seltzer, M. M.（2004）Peer relationships and social and recreational activities among adolescents and adults with autism. Journal of Autism and Developmental Disorders, 34(3), 245-256.

Potvin, M., Snider, L., Prelock, P. et al.（2013）Recreational participation of children with high functioning autism. Journal of Autism and Developmental Disorders, 43, 445-457.

さいとうきよみ（絵）（2017）かわいいおとえほん　はじめてのピアノ．成美堂出版.

佐々木かすみ・竹内康二・野呂文行（2008）自閉性障害児におけるピアノ演奏指導プログラムの検討．特殊教育学研究, 46(1), 49-59.

Stacey, T., Froude, E. H., Trollor, J. et al.（2019）Leisure participation and satisfaction in autistic adults and neurotypical adults. Autism: The International Journal of Research and Practice, 23(4), 993-1004.

上野一彦・松田　修・小林　玄他（2015）日本版WISC-Ⅳによる発達障害のアセスメント―代表的な指標パターンの解釈と事例紹介．日本文化科学社.

Van de Velde, E.（1947）Methode Rose.（安川加寿子訳・編（1951）メトードローズ・ピアノ教則本―ピアノ一年生．音楽之友社.）

Wehman, P. & Schleien, S.（1980）Assessment and selection of leisure skills for severely handicapped individuals. Education and Training of the Mentally Retarded, 15, 1, 50-56.

Piano fingering instruction for a child with intellectual disabilities and autism spectrum disorders

Yuta Miyano（Special Needs Education School, Faculty of Education, Yokohama National University）

Abstract: This study examined the efficacy of piano fingering instruction for children with ID and ASD. A child with ID and ASD participated. Based on WISC-IV and behavioral observations of the participant, we determined that the target behavior was playing the keyboard with the five right-hand fingers, and that the teacher's modeling and two visual prompts were used as instruction. We conducted a Pre-Post-Test to evaluate the results, which indicated that the participant's fingering improved in the post-test due to the instruction. This study demonstrated that WISC-IV and behavioral observations could determine target behaviors and instruction. Future studies should investigate how to teach children with different cognitive profiles and use more reliable experimental study designs.

Key Words : leisure, piano performance, piano fingering, WISC-IV, behavioral observation

The Japanese Journal of Autistic Spectrum 2023, Vol.20-2, 53-60

実践報告

特別支援学級に在籍する重度知的障害を伴う
自閉症スペクトラム障害児への質問応答の指導
——「こっち・はい・いいえ」の獲得——

Teaching a special needs class child with autism spectrum and severe intellectual disabilities how to respond to questions: Acquiring verbal expressions: "This one," "Yes," and "No"

河村　優詞（八王子市立宇津木台小学校／知的障害児教育ラボ）

Masashi Kawamura（*Hachioji City Utsukidai Elementary School / Laboratory of Education for Children with Intellectual Disabilities*）

■**要旨**：本研究の目的は、自閉症スペクトラム障害児に対し、質問への応答「こっち・はい・いいえ」を指導することであった。行動間多重ベースラインデザインを使用した。特別支援学級の教室で実施した。参加児は特別支援学級に在籍し、重度知的障害を伴う自閉症スペクトラム障害児1名であった。口頭称賛による強化、及び口頭と指差しによるプロンプトの提示により指導を行った。指導内容は以下の3点であった。（1）指導者が「"刺激名"はどれですか」と問い、参加児に「こっち」と言いながら正しい刺激を指差しする反応を求めた。（2）指導者が刺激を指さして「"刺激名"はこれですか」と問い、正しい刺激の場合、参加児に「はい」と言語を表出することを求めた。（3）指導者が刺激を指さして「"刺激名"はこれですか」と問い、違っている刺激の場合、参加児に「いいえ」と言語を表出することを求めた。5試行を1セッションとし、セッション内での正反応率を算出して従属変数として用いた。結果、介入開始後、正反応率が上昇した。ただし、「はい・いいえ」に関しては正反応率のばらつきが大きかったため、より正反応率を向上させる上で、指導開始初期には刺激の種類を少なくするなどの対策が必要であったと考えられる。

■**キーワード**：特別支援学級、質問応答、言語行動、知的障害

Ⅰ. 問題の所在と目的

重度知的障害と自閉症スペクトラム障害（以下、ASD）を有する児童は全般的な言語獲得に顕著な困難を示す（American Psychiatric Association, 2013）。質問と応答に関する言語の獲得は、後続する言語の獲得を左右する重要な要素であるが、ASD児は知的障害を伴わなかったとしても質問応答が正確でないことが報告されている（Oi, 2010 ; Huang & Oi, 2013）。会話によって社会的交流を行う上で質問と応答は必要不可欠であることから、これまでに数多くの研究がなされてきた（例：Doggett et al., 2013 ; Koegel et al., 2010 ; Koegel & Koegel, 2012 ; Neef et al., 1984 ; 大久保・尾野, 2012 ; Secan et al., 1989 ; Shillingsburg et al., 2009）。

日本語におけるASD児の質問応答の獲得順序について、大原・鈴木（2004）では「なに→どっち→どこ→だれ→どうやって→なぜ・いつ」の順となっている。同程度の発達年齢の知的障害児とASD児の獲得言語を比較した研究では、ASD児の方が「どっち」などの疑問詞の理解と表出が獲得されにくい傾向が報告されており（藤上・大伴, 2009）、さらに神前・高倉（2013）においてもASD児において「どっち」の問いに応答することが困難なケースが報告されている。本研究の参加児もまた、教師の「どっち」の教示に対して「こっち」と応答することができなかったため、本研究の標的行動とした。

さらに、以下のように「はい・いいえ」による応答の獲得も重要であると考えられる。児童がクローズな

質問を受けた場合は、応答する際に「はい・いいえ」を表出するレパートリーがあると最低限の会話が成立するが、研究が不十分な分野であることが指摘されている（Hayes et al., 2017）。ASD 児では「はい・いいえ」を含む言語行動の獲得が困難であるケースが多く、中でも重度知的障害を伴う場合は全く獲得されないケースも多い（Funazaki & Oi, 2013）。適切に応答できないことが意思疎通上の誤解を生じさせるケースも報告されており（Oi, 2008）、指導方法の確立が必要であろう。

　ASD 児および知的障害児を対象とし、「はい・いいえ」の表出獲得を図った研究（例：Hung, 1980；Duker & Jutten, 1997）では「はい・いいえ」がマンド（要求的な言語を指す（Skinner, 1957））として機能する、すなわち表出が要求・拒否機能を有していることが多い（Sigafoos et al., 2004）。このように関連性のある強化子によって維持される言語行動を指導することの重要性が指摘されており（Koegel & Koegel, 2012）、マンドとしての「はい・いいえ」の獲得は重要な指導内容の一つであろう。しかし、タクト（叙述的な言語を指す（Skinner, 1957））とマンドなどの機能的に異なる言語間における「はい・いいえ」の転移が困難であったケースも報告されており（Neef et al., 1984；Shillingsburg et al., 2009）、タクトとしての「はい・いいえ」は別途指導を要するケースが存在することが想定できる。さらに、日本の小学校の特別支援学級は軽度知的障害児を中心とした複数名の児童集団に対して授業を行う（河村, 2018）ため、授業中に食物性強化子を使用したり、選好の程度の強い玩具を提供したりする指導法は一部の小学校教師にとって受容しにくいことが想定され、他児の不注意などのネガティブな問題を生じさせるリスクがあって使用しにくい場合もあるだろう。本研究もまた、参加児以外に複数名の児童が作文筆記や計算などの学習に従事する学級の中で実施したため、実施形態に制約（例：食物は給食時のみ、玩具は休み時間のみ使用可能など）があり、マンドとしての応答の指導は実施可能な時間が限られていた。以上を踏まえて本研究内では復習頻度を確保しやすいタクトとしての質問応答を扱うこととした。

　先述の Koegel & Koegel（2012）は生活文脈内での指導を重視するが、同様に特別支援学級での指導を前提とすると実施可能な場面に制約があり、机上指導が可能な指導もまた必要であろう。生活文脈から分離した机上での反復学習を行う離散試行型指導法は、般化の面では効果が限定的になることがあるが、短時間

に多くの試行数を確保できるというメリットもある（Sundberg & Partington, 1998）。ゆえに、座学の学習態勢が整っていれば初期の基礎的な指導については効率的な指導ができるケースもあるだろう。

　以上を踏まえ、本研究ではタクトとしての質問応答を扱い、教師が「どっち？」を問うて参加児が「こっち」と答える課題、及び教師が「こっち？」を問うて参加児が「はい・いいえ」と答える課題について、離散試行型指導法を展開した。

Ⅱ. 方　法

1. 参加児・指導者・場面・期間

　公立小学校の特別支援学級に在籍する 6 年生男児 1 名が参加した。自閉症スペクトラム障害の診断を受けており、重度知的障害を伴っていた。就学時期の新版 K 式発達検査において DQ32（姿勢・運動 49、認知・適応 37、言語・社会 17）であった。国語、算数、自立活動、生活単元学習などの授業の中で応用行動分析に基づく指導を受けており、VB-MAPP（Sundberg, 2008）ではレベル 2 ～ 3 に相当する内容を指導中であった。また、本研究開始前 1 カ月以内に実施した PEAK 直接訓練モジュール（Dixon, 2014）のプレアセスメントのスコアは、FLS（基礎的学習スキル）：14、PLS（知覚学習スキル）：16、VCS（言語理解スキル）：7、VMS（言語推理・記憶・算数スキル）：5 であり、転移モジュール（Dixon, 2016）のプレアセスメントのスコアは等位：5、比較：1 で、反対・区別・階層・視点は 0 であった。教師の「これ何？」の教示に応じて日常的に目にする物の名称を表出することが可能であり、教師の「○○はどれ？」の教示に対して刺激を指差し選択することが可能であった。しかし、教師の「どっち？」「こっち？」の問いに関しては無反応であり、「こっち・はい・いいえ」の表出も観察されていなかった。

　指導者は担任である筆者であった。特別支援学級の教室で机を挟んで対面し、実施した。指導期間は 2 週間程度であった。

2. 強化子

　「そう」「OK」「上手」などの口頭称賛を使用した。従前の行動獲得の傾向から、これらの言語刺激は強化子としての機能を有することが予想された。

3. 材料

青色のプラスチック製ブロック、白色の消しゴム、赤色で木製の円柱形積み木を各 1 個用いた。大きさは全て 30mm 程度であった。参加児へ教示する際の名称は「ブロック」「消しゴム」「積み木」であった。

4. 従属変数・評定者間一致率

指導者は反応の正誤を記録用紙にメモして記録した。5 試行を 1 セッションとし、セッション内でプロンプトなしで正反応できた割合を算出した。全体の 20％を対象とし、筆者を除く特別支援学級担任 1 名に指導場面の動画を見せて正誤の評定を依頼した。筆者の評定との評定者間一致率を算出したところ、96.2％が一致した。

5. 手続き

まず、プレチェックとして、参加児の机上に材料を 3 つ全て並べ、その内一つを教師が指さして「これ何？」と問い、名称の表出を求めた。以上を 1 試行とし、各材料 5 試行実施した。後述するようにプレチェックは全試行正反応であったため、本研究のメインとなる以下の指導に進んだ。

指導はベースライン（以下、BL）期→介入期→フォローアップ（以下、FU）期の順に実施した。行動間多重ベースラインデザインを採り、指導する言語ごとに介入期の開始時期をずらした。以下の 3 つの言語を 1 日に 2 ～ 5 分程度ずつ指導した。

（1）指さし反応

机上に材料を 2 つ提示し、教師の「○○はどっちですか」という問いに対して「こっちです」と口頭で回答しつつ、材料のいずれか一つを指さす反応を求めた。指さしと「こっちです」の口頭反応の両方ができていた場合に正反応とした。

（2）「はい」

机上に材料を 2 つ提示し、教師がいずれかの材料を指さしつつ「○○はこっちですか」と指さした材料の名称を問い、参加児に「はい」の口頭反応を求めた。2 秒程度以内に「はい」が表出された場合は正反応とした。

（3）「いいえ」

机上に材料を 2 つ提示し、教師がいずれかの材料を指さしつつ「○○はこっちですか」と指さした材料以外の材料の名称を問い、参加児に「いいえ」の口頭反応を求めた。2 秒程度以内に「いいえ」が表出された場合は正反応とした。

以上について、BL・FU 期には正誤を問わず顕在的な強化、プロンプトの提示、正誤のフィードバックをしなかった。

介入期では正反応に対して強化子を提示し、誤答または約 2 秒を超えて無反応であった場合はプロンプトとして指導者が口頭で正答を言って復唱させた。（1）で指さしが伴わない場合、指導者が指さして模倣させるプロンプトを提示した。

材料を問う順序は、プレチェック・BL・FU 期は全てランダムであった。介入期では誤答数を減少させるため、以下のルールによって提示した。①ある材料について誤答があった場合、直後に 2 試行連続でその材料を問う（ただし、この 2 連続の試行はほぼ確実に正答となるため従属変数に含めない）。②その後、他の 2 つの材料の中で正反応率が高い材料を一度問い、その直後に再度誤答があった材料を問う。③これらのケース以外はランダム順とする。

6. 倫理的配慮

参加児の保護者に同意を得て作成した個別指導計画内に含まれる指導内容であった。論文化と公表に関して保護者の同意を得た。

7. 社会的妥当性

参加児に対する指導経験を有する筆者以外の教師に対して指導場面のビデオを見せて概要を説明し、Intervention Rating Profile-15（IRP-15：Witt & Elliott, 1985）を参考にした 15 項目の質問紙を提示し、本研究の概要を説明した上で回答を依頼した。

Ⅲ. 結　果

プレチェックは全試行正反応であった。

図 1 に（1）～（3）の結果を示す。プロットが無い部分は欠損値である。介入開始後に正反応率が速やかに上昇したが、（1）指さし反応と比較して（2）（3）「はい・いいえ」では正反応率の向上は大きいもののばらつきが大きく見られた。FU 期も同様にばらつきは大きいものの、おおむね成績は維持され、平均正反応率は「はい」74％、「いいえ」80％であった。

効果量の指標として BL 期 − 介入期および BL 期 − FU 期の間で NAP（Non-overlap of All Pairs, Parker & Vannest, 2009）および IRD（Improvement Rate Difference, Parker et al., 2009）を算出したところ、

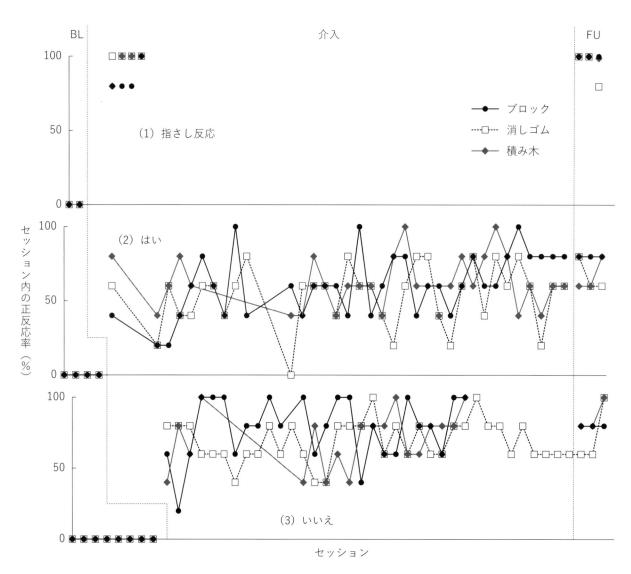

図1　セッション内での正答率の推移

ほぼ全て上限である1.00であった（表1）。

　社会的妥当性に関する質問紙に対し、教師は肯定的な回答傾向を示した（表2）。

Ⅳ. 考　察

1. 指導効果

　本研究ではASD児の質問応答の獲得について検証した。Parker & Vannest（2009）の基準ではNAPが0.93を超える場合は「大きい／強い（large or strong）」効果であるとされる。また、Parkerら（2009）の基準ではIRDが0.70または0.75を超える場合は「大きな／非常に大きな（large and very large generally received）」効果であるとされる。これら効果量の基準と本研究の表1の算出結果を照合す

表1　効果量

		NAP		IRD	
		BL－介入	BL－FU	BL－介入	BL－FU
(1) 物の 指定	ブロック	1.00	1.00	1.00	1.00
	消しゴム	1.00	1.00	1.00	1.00
	積み木	1.00	1.00	1.00	1.00
(2) 「はい」	ブロック	1.00	1.00	1.00	1.00
	消しゴム	0.99	1.00	0.97	1.00
	積み木	1.00	1.00	1.00	1.00
(3) 「いいえ」	ブロック	1.00	1.00	1.00	1.00
	消しゴム	1.00	1.00	1.00	1.00
	積み木	1.00	1.00	1.00	1.00

表 2　社会的妥当性に関する質問紙への回答

（1：全く思わない〜 6：とてもそう思う）

この教え方は質問・応答を指導する方法として受け入れやすい	6
ほとんどの教師は、この指導法が質問・応答への対応以外にも使えると考えるだろう	5
この指導法は、児童の質問・応答獲得に効果的だと思う	6
他の教師もこの質問・応答の指導法を使うかもしれない	6
児童の困難は、この指導法が必要なぐらい深刻な問題だ	6
ほとんどの教師は、この質問・応答の指導法が児童に適していると考えるだろう	6
この質問・応答の指導法は学級環境ですすんで使用されるだろう	5
この質問・応答の指導法は、児童に対してネガティブな副作用を及ぼすことはないと思う	6
この質問・応答の指導法は、様々な子どもにとって適切であろう	6
この質問・応答の指導法は、私が普段学級で使っている方法と一貫した物であった	4
この質問・応答の指導法は、フェアな方法だ	6
この質問・応答の指導法は、合理的な方法だ	6
私は、この質問・応答の指導法が好きだ	6
質問・応答の指導に対して良い方法だ	6
全体として、この質問・応答の指導法は児童に有益である可能性が高い	6

ると、BL − 介入期、BL − FU 期の間では大きな効果量であったと判断できる。

「はい・いいえ」ではいずれかの応答をランダムに行うと 50％の正反応率となり、無反応や後述するタクト表出によるエラーを想定すると未獲得状態ならばより低い値の正反応率が想定されるが、本研究での FU 期の正反応率は「はい」74％、「いいえ」80％であり、ばらつきは大きいながらも獲得が進んでいたことが伺える。

「いいえ」の介入期開始とともに「はい」の正反応率が一時急落したが、この原因として「はい」の介入期初回のセッションではブロックなどの各材料そのものへの命名、あるいは複数の材料を含むクラスへの反応として「はい」を表出していた可能性がある。なお、本研究期間終了後に再度、プレチェックと同じ手続きで各材料の名称表出の確認を 1 回だけしたが、この時点では誤答なくできていた。

「はい・いいえ」の成績にばらつきが大きかった原因としては、以下のように複数の考察ができる。

第一に想定できる原因は刺激の過剰選択性（Lovaas et al., 1971）である。材料と教示、すなわち視覚刺激と音声刺激のどちらかのみに優先的に反応した結果、成績に不安定性が生じた可能性がある。本研究では「はい」の正反応率が低いセッションを中心に、「消しゴム」と表出するなど材料名称のタクトが頻発していた。これは口頭教示でなく材料のみに注意が偏ったために生じた誤反応であったと考えられる。

特定の刺激に対して反応する訓練が円滑に進んだとしても、逆に特定の刺激「以外」に反応する学習では一時的に成績が低下するケースが報告されており（Stromer & Osborne, 1982）、上述の刺激の過剰選択性と併せて成績が不安定化する要因になるだろう。

第三に、関係フレーム理論（Hayes et al., 2001）の観点では「はい」が等位、「いいえ」が区別のフレームに基づく反応クラスとして捉えられるが、本研究の参加児は先述のアセスメント（Dixon, 2016）のように等位以外のフレームに基づく反応が生起しにくかった。

このように「はい・いいえ」の獲得に時間を要する場合、拒否機能としての「いいえ」を指導する（Sigafoos et al., 2004）ことも想定できるが、先述のように機能的に異なる「はい・いいえ」が転移しにくいことを示唆する報告もある（Neef et al., 1984；Shillingsburg et al., 2009）。あるいは「いいえ」の集中指導期間を設ける方法（Neef et al., 1984）も想定できるが、複数刺激に対するクラス名として「いいえ」の命名が生じる可能性がある。したがって、「はい・いいえ」は併行して指導しつつも介入初期段階での材料の種類を絞り込み、成績上昇を待って材料の種類を増加させるなどの工夫が必要であったと考えられる。

逆に、「こっち」の表出は迅速に獲得された。参加児は従前に「どれ？」の教示に対して「これ」と表出することができており、本研究の「こっち」は従前の

レパートリーとほぼ同機能の行動であったために獲得がスムーズだったものと考えられる。「はい・いいえ」と「こっち」が混同するエラーは一切見られず、口頭教示や材料に対する条件性弁別反応としての「こっち」の表出が獲得されていたと判断できる。

2. 社会的妥当性

社会的妥当性に関する質問紙に対し、教師は肯定的な回答傾向を示していた。個別指導を要する手続きであるために実施可否は学級実態によるが、教材準備に負担を要さないため、教師に受容されやすい手続きであったと考えられる。

本研究の手続きで扱った「こっち」は見本合わせ課題などの刺激の選択課題を後続させることで維持機会を確保可能であり、「はい・いいえ」も同様にさまざまな手続き（例：Hayes et al., 2017）の中で維持や活用が可能であるため、発展性の高い標的行動であると判断できる。さらに、重度知的障害を伴う ASD 児に対するタクトとしての「はい・いいえ」の表出に関する指導は報告が乏しく、改善の余地は大きいものの有益なデータであったと判断できる。また、会話によって社会的に交流する際には質問によって応答内容を変える必要があるが、本研究では「こっち」「はい」「いいえ」の使い分けを指導しているという点でも意義があるだろう。

3. 制約と課題

本研究の課題と制約を述べる。介入期のデータのばらつきが大きく、「はい・いいえ」ではより高い獲得成績を目指すべき水準である。本研究後は更なる成績向上と維持と般化を図る目的で Koegel ら（1998）や Carr & Kologinsky（1983）を参考に支援員等の筆者以外による指導を開始し、さらに McGee ら（1992）、Pierce & Schreibman（1995）、Shafer ら（1984）を参考に、友達の面倒を見ることが好きなクラスメイト数名にも休み時間などに指導に加わってもらったため、指導期間終了後は剰余変数を統制したデータを測定できていない。

本研究において扱った質問応答行動はわずかであり、より広域なレパートリーを指導しつつ、実際の社会的交流場面における変容を促進する手立てを講じる余地があるだろう

評定者間一致率の算出は一部のデータに限定されている。

特別支援学級の授業は一般的に複数名の児童に同時になされるため、授業内で本研究の手続きを実施する場合、他のクラスメイトがある程度自律して学習に従事可能であることが条件となる。

質問への応答は先述のように重要であるが、そもそも ASD 児は会話の始発が少ない傾向があり（Murdock et al., 2007）、質問による言語自発は他の言語の獲得にも貢献しうる（Koegel et al., 2010）ために重要な言語行動である。会話による社会的交流において、質問と応答は双方が必要な要素であろう。しかし、本研究では質問への応答のみを扱い、質問の自発をセットで扱えていない。

刺激の提示順序など、実践上の都合から剰余変数が未統制な点が多い。

〈文　献〉

American Psychiatric Association (2013) Diagnostic and statistical manual of mental disorders: DSM-5. Arlington, VA: American Psychiatric Publishing Inc.

Carr, E. G. & Kologinsky, E. (1983) Acquisition of sign language by autistic children II: Spontaneity and generalization effects. Journal of applied behavior analysis, 16(3), 297-314.

Dixon, M. R. (2014) PEAK Relational Training System: Direct Training Module. Carbondale, IL: Shawnee Scientific Press.

Dixon, M. R. (2016) PEAK Relational Training System: Transformation Module. Carbondale, IL: Shawnee Scientific Press.

Doggett, R. A., Krasno, A. M., Koegel, L. K. et al. (2013) Acquisition of multiple questions in the context of social conversation in children with autism. Journal of autism and developmental disorders, 43(9), 2015-2025.

Duker, P. C. & Jutten, W. (1997) Establishing gestural yes-no responding with individuals with profound mental retardation. Education and Training in Mental Retardation and Developmental Disabilities, 59-67.

藤上実紀・大伴　潔 (2009) 自閉症児の獲得語彙に関する研究. 東京学芸大学紀要 総合教育科学系, 60, 487-498.

Funazaki, Y. & Oi, M. (2013) Factors affecting responses of children with autism spectrum disorder to yes/no questions. Child Language

Teaching and Therapy, 29(2), 245-259.

Hayes, S. C., Holmes, D. B., & Roche, B. (Eds.)(2001) Relational Frame Theory A Post-Skinnerian Account of Human Language and Cognition. New York: Plenum Press.

Hayes, J., Stewart, I., & McElwee, J. (2017) Children's answering of yes-no questions: A review of research including particular consideration of the relational evaluation procedure. Behavioral Development Bulletin, 22(1), 173.

Huang, S. F. & Oi, M. (2013) Responses to Wh-, Yes/No-, A-not-A, and choice questions in Taiwanese children with high-functioning autism spectrum disorder. Clinical linguistics & phonetics, 27(12), 969-985.

Hung, D. W. (1980) Training and generalization of yes and no as mands in two autistic children. Journal of Autism and Developmental Disorders, 10(2), 139-152.

神前多樹子・高倉利恵 (2013) 自閉症を持つ子どもたちとの好ましいコミュニケーション方法．理学療法学 Supplement（第 48 回日本理学療法学術大会抄録集），40(2)，セッション ID G-P-09.

河村優詞 (2018) 小学校知的障害特別支援学級の指導と授業準備の実態調査．日本大学大学院総合社会情報研究科紀要，19(1)，77-84.

Koegel, L. K., Camarata, S. M., Valdez-Menchaca, M. et al. (1998) Setting generalization of question-asking by children with autism. American Journal on Mental Retardation, 102(4), 346-357.

Koegel, L. K., Koegel, R. L., Green-Hopkins, I. et al. (2010) Brief report: Question-asking and collateral language acquisition in children with autism. Journal of Autism and Developmental Disorders, 40(4), 509-515.

Koegel, R. L. & Koegel, L. K. (2012) The PRT pocket guide. Baltimore, MD: Brookes.

Lovaas, O. I., Schreibman, L., Koegel, R. et al. (1971) Selective responding by autistic children to multiple sensory input. Journal of Abnormal Psychology, 77(3), 211.

McGee, G. G., Almeida, M. C., Sulzer-Azaroff, B. et al. (1992) Promoting reciprocal interactions via peer incidental teaching. Journal of Applied Behavior Analysis, 25(1), 117-126.

Murdock, L. C., Cost, H. C., & Tieso, C. (2007) Measurement of social communication skills of children with autism spectrum disorders during interactions with typical peers. Focus on Autism and Other Developmental Disabilities, 22(3), 160-172.

Neef, N. A., Walters, J., & Egel, A. L. (1984) Establishing generative yes/no responses in developmentally disabled children. Journal of Applied Behavior Analysis, 17(4), 453-460.

大原重洋・鈴木朋美 (2004) 自閉症児における疑問詞構文への応答能力の発達過程―国リハ式〈S－S法〉言語発達遅滞検査との関連．コミュニケーション障害学，21(1)，15-22.

Oi, M. (2008) Using question words or asking yes/no questions: Failure and success in clarifying the intentions of a boy with high-functioning autism. Clinical Linguistics & Phonetics, 22(10-11), 814-823.

Oi, M. (2010) Do Japanese children with high-functioning autism spectrum disorder respond differently to Wh-questions and Yes/No-questions?. Clinical Linguistics & Phonetics, 24(9), 691-705.

大久保賢一・尾野政明 (2012) 広汎性発達障害児における疑問詞質問に対する応答技能訓練の効果と般化．北海道特別支援教育研究，6, 1-11.

Parker, R. I., Vannest, K. J., & Brown, L. (2009) The improvement rate difference for single-case research. Exceptional children, 75(2), 135-150.

Parker, R. I. & Vannest, K. (2009) An improved effect size for single-case research: Nonoverlap of all pairs. Behavior therapy, 40(4), 357-367.

Pierce, K. & Schreibman, L. (1995) Increasing complex social behaviors in children with autism: Effects of peer-implemented pivotal response training. Journal of Applied Behavior Analysis, 28(3), 285-295.

Secan, K. E., Egel, A. L., & Tilley, C. S. (1989) Acquisition, generalization, and maintenance of question-answering skills in autistic children. Journal of Applied Behavior Analysis, 22(2), 181-196.

Shafer, M. S., Egel, A. L., & Neef, N. A. (1984) Training mildly handicapped peers to facilitate changes in the social interaction skills of autistic children. Journal of Applied Behavior Analysis,

17(4), 461-476.

Shillingsburg, M. A., Kelley, M. E., Roane, H. S. et al. (2009) Evaluation and training of yes-no responding across verbal operants. Journal of Applied Behavior Analysis, 42(2), 209-223.

Sigafoos, J., Drasgow, E., Reichle, J. et al. (2004) Tutorial: teaching communicative rejecting to children with severe disabilities. American Journal of Speech-Language Pathology, 13(1).

Skinner, B. F. (1957) Verbal Behavior. New York: Appleton-Century-Crofts.

Stromer, R. & Osborne, J. G. (1982) Control of adolescents' arbitrary matching-to-sample by positive and negative stimulus relations. Journal of the Experimental Analysis of Behavior, 37(3), 329-348.

Sundberg, M. L. & Partington, J. W. (1998) Teaching language to children with autism and other developmental disabilities. Pleasant Hill, CA: Behavior Analysts.

Sundberg, M. L. (2008) VB-MAPP Verbal Behavior Milestones Assessment and Program. Concord, CA: AVP-Press.

Witt, J. C. & Elliott, S. N. (1985) Acceptability of classroom intervention strategies. In Kratochwill, T. R. (Ed.) Advances in School Psychology Volume 4. Routledge, pp.251-288

Teaching a special needs class child with autism spectrum and severe intellectual disabilities how to respond to questions: Acquiring verbal expressions: "This one," "Yes," and "No"

Masashi Kawamura (Hachioji City Utsukidai Elementary School / Laboratory of Education for Children with Intellectual Disabilities)

Abstract: Study objective: We taught a child with autism spectrum disorder and severe intellectual disabilities enrolled in a special needs class to respond to questions using the expressions "This one," "Yes," and "No." Design: A multiple baseline design across behaviors was used. Setting: A special needs classroom. Participants: A child with autism spectrum disorder and severe intellectual disabilities participated. Intervention: We used three training steps. (1) The teacher asked, "Which one is a (stimulus name)?" We asked the participant to respond by pointing to the stimulus and saying, "This one." (2) The teacher pointed to the stimulus and asked, "Is this a (stimulus name)?" We asked the participant to respond by saying "Yes," if the stimulus was correct. (3) The teacher pointed to the stimulus and asked, "Is this a (stimulus name)?" We asked the participant to respond by saying "No." if the stimulus was incorrect. Measures: We conducted five trials in one session and calculated the correct response rate for each session. Results: The correct response rates increased after the intervention and had a large effect size. However, there was a significant variance in the "yes/no" responses. Conclusion: The child quickly acquired the responses. However, there was a large variance in the "yes/no" responses. Therefore, it is necessary to reduce the number of stimuli in the early stages of the intervention to increase the correct response rate.

Key Words : special needs class, response to questions, verbal behavior, severe intellectual disability

The Japanese Journal of Autistic Spectrum 2023, Vol.20-2, 61-70

実践報告

特別支援学級在籍児童に対する 刺激－反応ネットワークを活用したローマ字指導の効果

Efficacy of stimulus-response networks for teaching Roman letters to special needs class children

河村 優詞（八王子市立宇津木台小学校／知的障害児教育ラボ）

Masashi Kawamura（*Hachioji City Utsukidai Elementary School / Laboratory of Education for Children with Intellectual Disabilities*）

■**要旨**：刺激等価性のパラダイムを用いて刺激－反応ネットワークを構成し、特別支援学級在籍児童に対して有効なローマ字指導法を検討することを目的とした。主として多重ベースラインデザインを使用した。特別支援学級の教室で実施した。知的障害児と自閉症スペクトラム児で構成される計4名が参加した。指導は5つのフェイズと般化テストによって構成された。独立変数は、プリント教材、紙製のカード、口頭での教示、黒板およびノートを用いた指導の有無であった。従属変数は書字および口頭反応の正答数（または正答率）であった。指導の結果、全参加児においてアルファベットの筆記、大文字・小文字間の変換、ローマ字の筆記、口頭での綴りの表出、ローマ字単語の読み書きが獲得された。小学校ですでに使用されている方法を活用した指導法であり、有効かつ社会的妥当性を有する手続きであると考えられた。

■**キーワード**：ローマ字、アルファベット、刺激等価性、書き、特別支援学級

Ⅰ．問題の所在と目的

特別支援学級担任への調査（河村，2018）では国語や算数などの教科の指導法の不足が報告されており、効率的な指導法を検討する必要がある。小学校の指導内容のひとつにローマ字の読み書きがあり、文字入力スキルの基盤とされる（文部科学省，2017）。障害者の中には就労後にパソコンによる事務に従事する者がおり（障害者職業総合センター，2010）、ローマ字は重要な指導事項であると考えられる。

文字獲得については見本合わせ等、刺激を選択する学習の効果が報告されている（Sugasawara & Yamamoto, 2007；菊地，1985）が、刺激の選択が音声表出や筆記などの他の行動に転移するとは限らない（Guess, 1969；Guess & Baer, 1973；Lee, 1981；Sidman et al., 1974；Sidman et al., 1985）。同様に、刺激の選択だけで指導を完結させた場合、綴りの成績は低くなることがある（de Rose et al., 1996）。ゆえに、ローマ字の指導では、大文字・小文字でのアルファベットの筆記と読み、ローマ字綴りの筆記などさまざ

まな関係を扱うことになり（図1にて後述）、限られた授業時間の中で獲得を促すため、効率的に指導を進める方法が必要である。

複雑な刺激－反応間関係を指導する場合に有用な領域として、刺激等価性のパラダイムがある。見本刺激Aに対して比較刺激Bを選択（以降A→Bのように示し、矢印の起点を見本刺激、到達点を比較刺激あるいは反応とする）、およびB→Cの訓練を行うと、訓練せずとも派生的関係として対称律（B→AやC→B）や推移律（A→C）、等価律（C→B）などが生じる。この現象を刺激等価性と呼び（Sidman & Tailby, 1982；Sidman et al., 1989）、これによって形成される等価クラスは刺激のみでなく反応を含みうる（Manabe et al., 1995）ため、文字獲得においても応用され、綴りや発声などの等価関係をネットワーク状に成立させる指導法がある（以下、刺激－反応ネットと呼ぶ（Connell & Witt, 2004；Stromer et al., 1992；Stromer & Mackay, 1993））。獲得済みの行動を含めて派生的な反応が生じるように刺激－反応ネットを構成する（Mackay, 1985）ことで、より効率が高くなるだろう。

等価クラスの形成時に考慮すべきこととして訓練構造がある。A→B、B→Cの順に形成する線形構造、A→B、A→Cの順に形成するOne-to-Many（OTM）構造、A→C、B→Cの順に形成するMany-to-One（MTO）構造の3種の内、線形構造は成績が低くなる（Arntzen & Holth, 2000；Saunders et al., 2005）ため、OTMとMTOを採るべきであろう。

他に考慮すべき点にノード距離がある。例えば、A→BおよびB→Cを訓練した場合、A→Cの関係はBを介した関係となる。この仲介した刺激をノードと呼び（Fields & Verhave, 1987）、知的障害児や自閉症スペクトラム（ASD）児では1～2ノードを挟むと派生的な反応の表出成績が下がることがある（Eikeseth & Smith, 1992）。対策としてクラスの成員間で共通の刺激をマッチングする、または共通の名称を発声するなどの訓練を行うと、共通の刺激や反応によって先述のMTOが構成され、複数のノードを経ても成績低下が生じにくくなる（Eikeseth & Smith, 1992；Randell & Remington, 1999；佐藤，2002；鈴井他，2007）。

また、専門性を要する指導法は教師から受容されにくく（Gresham & Lopez, 1996）、特別支援学級においても一斉指導を中心とした授業が多い（河村，2018）。これを踏まえた特別支援学級向けの漢字指導法では、視写やテスト（河村，2019）、プリント上で見本刺激と比較刺激を線で結ぶ「線結び課題」（河村，2020a）などを併用した指導がなされている（河村，2020b）。

以上を踏まえて、本研究では筆記や線結び課題、カードなど、現場ですでに用いられている指導法を組み合わせて指導を行い、既獲得行動である仮名の読み書きを活用しつつ、刺激－反応ネットを形成してローマ字指導を行い、有効性を検討した。

Ⅱ．方　法

1．場面・指導者・参加児

特別支援学級の教室で、担任である筆者が実施した。参加児は特別支援学級在籍児童4名（A～D児）であった。この研究開始前に全参加児が全ての仮名の読み書きを習得済みであったが、ローマ字は未習事項であり、個別指導計画内にローマ字読み書きの指導が含まれていた。A・B児は知的障害を伴う4年生男児、C・D児はASDを伴う女児であり、C児は5年生、D

児は6年生であった。A児はCA9：8時点の田中ビネーVでIQ62であった。B児はWISC-ⅣでFSIQ63（下位指標・時期未報告）であった。C児はCA10：2時点の田中ビネーVでIQ62であった。D児はCA5：2時点の田中ビネーVでIQ42であった。

2．概要と全体的方法

1週間に4～5コマの国語の授業の中で指導を実施した。フェイズ1～5、般化テストによって構成された。OTMとMTOで刺激－反応ネットを構成する計画とした（図1）。フェイズ3および5のみ個別指導で、それ以外は一斉に指導した。

各フェイズの介入期、追加訓練、および派生的関係の成立を確認するためのテスト（初回テスト）の実施後、指導者は正答に強化子を提示し、誤答には正答をフィードバック（以下、FB）した。筆記学習を行うフェイズ1、2、4、般化テストでは、指導者は机間指導として書かれた文字から順次、強化子の提示として赤ペンで丸をつけ、誤答に対するFBとして余白に正答の文字を書いた。FBについて、書き直しは行わせなかった。参加児が口頭表出あるいは指差しで反応するフェイズ3.5では、指導者は正答に対して強化子として口頭で「OK」「いいね」のように言い、FBとして口頭で正答を提示、あるいは指さして示した。ベースライン（BL）期とフォローアップ（FU）期では原則として強化子も正誤のFBも提示しなかった。

アルファベットの大文字・小文字26字と、ローマ字の清音46音を指導対象とした。使用したプリント教材を図2（詳細は後述）に示す。

3．手続き

（1）フェイズ1

BL期→介入期の順に実施した。教材はタイトルとして筆記すべき文字種を「大（小）文字で」と示しており、見本刺激として26個の平仮名が印刷され、筆記欄が設けられており、ベースライン（BL）期と介入期でともに同じものを用いた。BL期には、この教材を配布して大文字・小文字のアルファベットを書かせるテストをそれぞれ実施し、強化子とFBの提示なしで回収した。このテストの完了をもって1試行の完了とした。

介入期は行動間多層BLデザインを用い、大文字から開始し、1～2試行遅らせて小文字を開始した。介入期の初回のみ、BL期と同じ教材に正答のアルファベットが印刷されたものを渡し、各文字1回ずつ視写

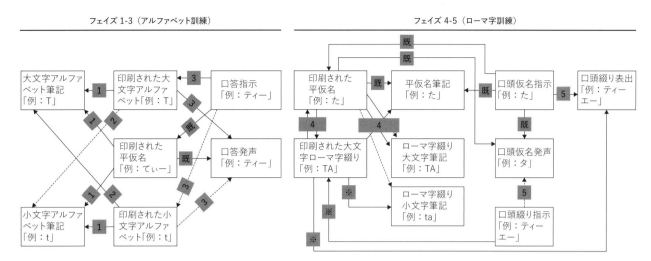

図 1　本研究で構築を意図した刺激－反応ネットワーク

矢印の起点は見本刺激、到達点は比較刺激または反応を指す。実践矢印は本研究開始以前から獲得されていた関係、および本研究で訓練した関係である。破線矢印はテストで派生的関係を測定した関係である。線上の数字は扱ったフェイズを示す。「既」は本研究開始以前から獲得されていた関係である。フェイズ 4-5 内の「※」はフェイズ 1-3 の中で獲得が見込まれる関係である。

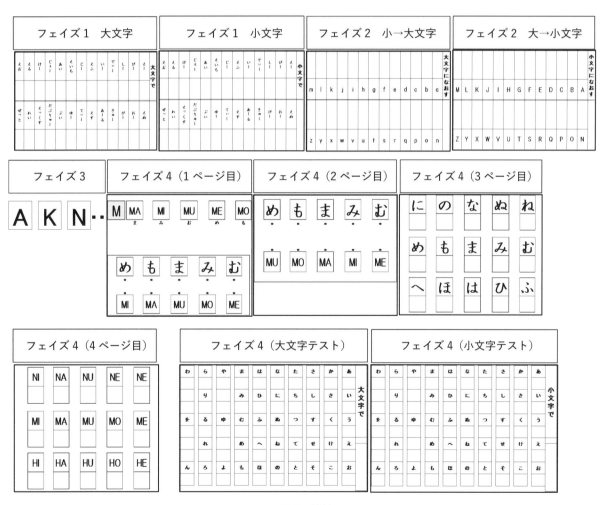

図 2　教材

させた。その後 BL 期と同じテストを実施したが、介入期のテストでは強化子と FB の提示をしてから回収した。この介入期のテストを大文字・小文字交互に反復した。大文字・小文字双方で正答率が 80% 以上に達した後、フェイズ 2 に移行した。「もう一回このプリントをやりたい」などの参加児の要望により、基準を達した後も指導を継続実施することがあった（以降全手続きで同様）。

（2）フェイズ 2

初回テストで派生的な反応を確認し、その後追加訓練を実施した。フェイズ 2 の教材はタイトルとして書くべき文字種を「大（小）文字になおす」と示し、見本刺激として 26 個の大文字あるいは小文字（タイトルが“大文字になおす”ならば小文字を見本刺激として大文字を筆記する。逆も同様）が印刷され、筆記欄が設けられた。

まず、印刷された小文字を見て大文字を書かせるテストを実施し、強化子と FB の提示をせずに回収した。その後、印刷された大文字を見て小文字を書かせるテストを実施した。これらのテストを「初回テスト」とする。初回テストの終了後、机上に参加児により筆記済みの大文字・小文字両方のテストを置き、強化子と FB を提示した。これら各テストの完了をもって 1 試行の完了とした。

フェイズ 3 への移行基準は大文字・小文字双方のテストで正答率 80% 以上であることとした。後述するように B・C・D 児は初回テストにおいて移行基準を満たした。A 児は初回テストで移行基準を満たさなかったため、追加訓練として強化子と FB の提示を伴うテストを大文字・小文字交互に、移行基準に達するまで反復して実施した。

（3）フェイズ 3

50mm × 60mm 程度の紙にアルファベットが印刷されたカードを大文字・小全文字について用いた。初回テストとしてこのカードを 1 枚ずつランダム順に提示し、読むよう教示した。これを全カードに実施した。さらにカードを一度に 5 枚程度机上に配置し、「エーはどれ？」のように指導者が問うて指差し反応をさせた。こちらも全カードに実施した。全参加児が初回テストから全問正答であったため追加訓練は実施せず、初回テスト終了後に全問正答であったことを伝え、次のフェイズに進んだ。

（4）フェイズ 4

BL 期→介入期→ FU 期の順に実施した。テスト教材はタイトルとして書くべき文字種を「大文字で」

「小文字で」と示しており、平仮名 46 文字とローマ字の記入欄が印刷されていた。BL 期はこの教材を配布してテストを行い、強化子・FB の提示なしで回収した。

介入期は行動間多層 BL デザインを用い、ア行から順に行ごとに開始時期をずらして開始した。介入期の 1 試行は、以下に述べる訓練教材を用いた訓練と、BL 期と同じテスト教材を用いたテストによって構成された。

1 試行分の介入期の訓練教材は以下の 4 ページで構成された。試行を進めるにつれて従前に学習した行が復習として追加される構成であった。

1 ページ目の上段には平仮名 1 行分のローマ字綴りが大文字で印刷され、その下に対応する平仮名が印刷されていた。さらに下段には平仮名と対応するローマ字を線で結ぶ課題が付された。2 ページ目は 1 ページ目の下段と同じ線結び課題であった。3 ページ目は平仮名が印刷されており、対応するローマ字の綴りを書くための空欄があった。この試行で学習する行の他、最大で 2 つ前の行まで遡って出題した。例えば「マ行」を新規に指導する場合、「ナ行」「ハ行」が復習として含まれていた（これは 4 ページ目も同じであった）。4 ページ目はローマ字の綴りが印刷されており、対応する平仮名を書くための空欄があった。

この訓練教材を参加児に提示し、記入させた。分からない場合は前ページに戻って答えを確認することを許可した。参加児の筆記が完了した後、机上で丸を付け、誤答は修正させてから訓練教材を回収し、大文字のテスト、教材を配布してテストを行った。大文字のテスト完了後、強化子と FB の提示をせず回収し、同様に小文字のテストを実施した。小文字テストの筆記が完了した後、参加児により筆記済みの大文字・小文字両方のテストを参加児の机上に置き、強化子と FB の提示をした。

次の行への移行基準はあらかじめ厳密に設定せず、獲得状況や筆記の流暢性などを見て判断し、BL 期と同じくテストのみを行うフォローアップ（FU）期に移行した。FU 期までローマ字全数を指導後、フェイズ 5 へ移行した。なお、授業スケジュールなどの都合によりヤ・ラ・ワ行の FU は実施しなかった

（5）フェイズ 5

指導者が「“た”はローマ字だとどう書くの？」のように仮名 1 文字分の発音を指示し、「ティーエー」のように対応するローマ字綴りを参加児に口頭表出させた。ローマ字全数分で 1 回のテスト＝ 1 試行とし

表 1　社会的妥当性に関する質問紙結果
「1：全くそう思わない」～「6：強くそう思う」

この教え方はローマ字学習法として受け入れやすい	6
ほとんどの教師は、この指導法がローマ字以外にも使えると考えるだろう	5
この指導法は、児童のローマ字学習に効果的だと思う	6
他の教師もこのローマ字指導法を使うかもしれない	5
児童の文字獲得上の困難は、このローマ字指導法が必要なぐらい深刻な問題だ	6
ほとんどの教師は、このローマ字指導法が児童に適していると考えるだろう	6
このローマ字指導法は学級環境ですすんで使用されるだろう	6
このローマ字指導法は、児童に対してネガティブな副作用を及ぼすことはないと思う	6
このローマ字指導法は、さまざまな子どもにとって適切であろう	6
このローマ字指導法は、私が普段学級で使っている方法と一貫した物であった	5
このローマ字指導法は、ローマ字を指導する上でフェアな方法だ	6
このローマ字指導法は、ローマ字を指導する上で合理的な方法だ	6
私は、このローマ字指導法が好きだ	6
このローマ字学習に対して良い方法だ	6
全体として、この指導法は児童に有益である可能性が高い	6

た。その後、指導者が「ローマ字の“ティーエー”は何て読むの？」のように仮名 1 文字に対応する綴りを指示し、「タ」のように仮名 1 文字を参加児に口頭表出させるテストを行った。こちらもローマ字全数分で 1 回のテスト＝ 1 試行とした。これら 2 つのテストを初回テストとし、実施後、誤答箇所のみをピックアップし、追加訓練として強化子と FB を提示するテストを反復した。この手続きの実施中、対象外の参加児については、他の学習課題を割り当てた。

これらのテストで全ての文字の反応が 1 回以上正答となった後、般化テストへ移行した。

(6) 般化テスト

以下に述べる 3 種類の課題があった。(1)「ローマ字→仮名」では教師によってローマ字で黒板に筆記された単語（大文字・小文字各 5 語、計 10 語）を、ノートに仮名で筆記させた。平仮名・片仮名どちらでも可とした。(2)「平仮名→ローマ字」では教師によって平仮名で黒板に筆記された単語 5 語を、ノートにローマ字で筆記させた。大文字・小文字どちらでも可とした。(3)「片仮名→ローマ字」では教師によって片仮名で黒板に筆記された単語 5 語を、ノートにローマ字で筆記させた。筆記は大文字・小文字どちらでも可とした。

これら 3 つの課題を連続して実施し、完了した後、強化子と FB の提示をした。以上の 3 つの課題が完了するまでを 1 試行とし、2 試行実施した。使用した単語は仮名に換算すると 2 ～ 4 文字であり、教室内の物品など、児童にとって既知の単語で、毎試行違う単語

を用いた。

4. 従属変数と評定者間一致率

各テスト内での書字の正答率（フェイズ 1・2・般化テスト）、正答字数（フェイズ 4）、口頭発声や口頭綴り表出の正答率（フェイズ 3・5）を従属変数とした。

全研究手続きにおける参加児の書字から 208 字をランダムに抽出して 1 文字単位でコピーし、筆者を除く特別支援学級担任 1 名に正誤の評定を依頼した。その結果、「筆者の正誤の評定と一致した文字数／ 208 字× 100」により算出された評定者間一致率は 98.1％であった。

5. 倫理的配慮・社会的妥当性

保護者に対してインフォームドコンセントを行い、署名にて参加と公表の同意を得た。在籍校校長にも同様に許可を得た。社会的妥当性の評定を目的とし、参加児への指導経験を有する教師 1 名に概要を説明し、Intervention Rating Profile-15 (IRP-15：Witt & Elliott, 1985) に基づく 15 項目の質問紙調査を 6 件法で実施した（表 1 参照）。

Ⅲ．結　果

フェイズ 1（図 3）において、BL 期には全参加児が無解答であった。介入期開始後、正答率が上昇し、

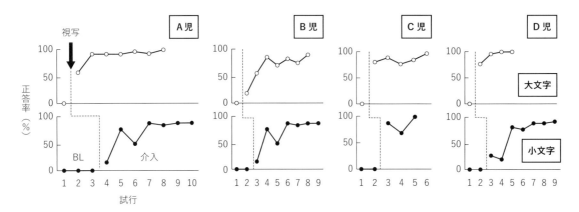

図3　フェイズ1における正答率

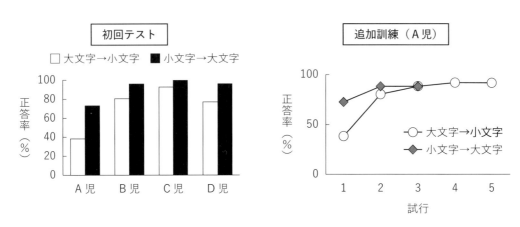

図4　フェイズ2における正答率

全参加児が介入5試行以内に移行基準を達成した。視写の直後に正答率が上昇する場合と、介入期に漸増する場合があった。

　フェイズ2（図4）において、初回のテスト成績ではA児を除き81〜100％の正答率であった。全参加児で「印刷された大文字アルファベット→小文字アルファベット筆記」に比べ、「印刷された小文字アルファベット→大文字アルファベット筆記」の方が正答率が高かった。A児のみ移行基準を達成していなかったため、追加トレーニングを実施し、大文字・小文字とも5試行以内に基準を達成した。

　フェイズ3は全参加児が初回テストから全問正答であった。

　フェイズ4（図5）では全参加児で、BL期は全て無解答であった。介入期に入った行から正答文字数が増加した。ローマ字の獲得字数が少ない場合や参加児が希望する場合は同一の行の介入を複数日行うこともあった。図3中に矢印で示したように、一部時間の制約等でテストのみを行った試行があった。一部を除き、小文字の正答文字数は大文字と同等かそれ以下の

傾向があった。

　フェイズ5（図6）において、初回テストの正答率の範囲は、「口頭仮名指示→口頭綴り表出」では35〜91％、「口頭綴り指示→口頭仮名発声」では65〜96％であった。誤答課題のみ追加訓練を実施したが、A児は12試行、B児は7試行、C児は2試行、D児は8試行以内で全文字について1回以上正答した。

　般化テスト（図7）では、B児とC児は全試行90〜100％の正答率であった。A児は「ローマ字→仮名」の1試行目のみ10％で、他は80〜100％の正答率であった。D児は40〜90％の正答率で、「平仮名→ローマ字」「片仮名→ローマ字」で、1試行目より2試行目の正答率が低下した。

　社会的妥当性に関する質問紙への回答（表1）は、全回答が5＝「そう思う」あるいは6＝「強くそう思う」であった。

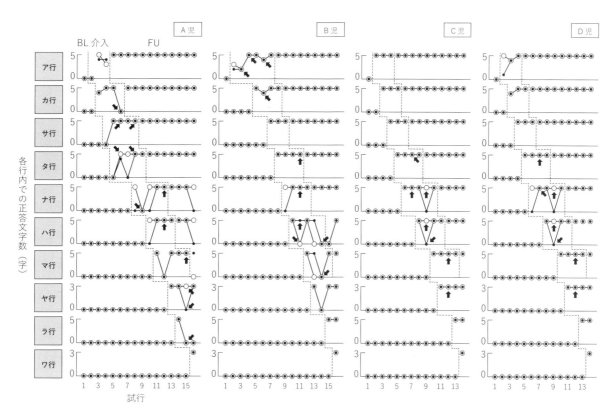

図 5　フェイズ 4 における各行の正答文字数（矢印は訓練なしでテストを実施した試行を示す）

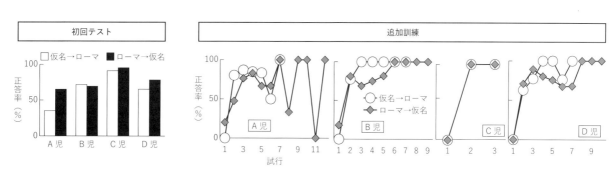

図 6　フェイズ 5 における正答率

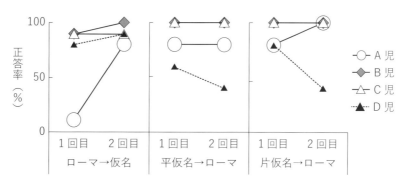

図 7　般化テストにおける正答率

Ⅳ．考 察

本研究では特別支援学級在籍児童へのローマ字指導法について検討した。

フェイズ1において、全参加児は介入期に筆記が可能となった。手本を参照せずに筆記テストを反復することにより、単に視写するよりも書字獲得を促進することがある（河村，2019）。C児の大文字・小文字およびD児の大文字では介入開始後1試行目から正答率が増加したため、視写の効果が大きく生じたと考えられるが、他のケースでは介入期に数試行かけて漸増する傾向があったため、テスト反復による効果であると考えられる。また、フェイズ4ではさらに線結び課題（河村，2020a）を併用し、全参加児とも介入期にローマ字筆記が獲得された。全手続きの合計指導期間は1カ月未満であり、短期間で効率的な学習ができたと考えられる。

フェイズ2・3・5では初回テストから未指導の反応が生起しており、従前のフェイズや本研究開始前に獲得済みの反応を介した派生的な反応であると考えられた。例えばフェイズ3の口頭発声は本研究開始前から習得されていた平仮名の読みを媒介した派生的な反応であると考えられる。フェイズ5の初回テストは複数のルートが考えられるが、既習の仮名読み書きを介した関係による派生的な反応であると考えられる（図1参照）。

本研究では成績が低くなりやすい線形構造（Arntzen & Holth, 2000）を避けて、既習である仮名読み書きを活用したネットワークを形成した。さらに、本研究では、例えば共通の平仮名に対して大文字・小文字を筆記する（フェイズ1・2）、大文字・小文字に共通の名称を発声する（フェイズ3）など、クラス成員間に共通の反応を訓練する手続き（Eikeseth & Smith, 1992；Randell & Remington, 1999；佐藤，2002；鈴井他，2007）を採用した。また、フェイズ1・4の実施中、A・B・C児は小声で読みを発声しつつ筆記する、あるいは発声しないで発音するように口を動かす事態が繰り返し観察されていたが、自発的な発声はクラス形成を促進しうる（Wulfert et al., 1991）。以上のような要因で、派生的な反応の生起が促進された可能性がある。

フェイズ1・2・4では大文字よりも小文字を筆記する場合の成績が低い傾向があった。抽象的な刺激では等価クラスが成立しにくい（Bentall et al., 1993）が、

本研究の小文字の成績低下も日常生活で目にする機会が少ないことが原因となっている可能性がある。さらにフェイズ4では教材に大文字のみが含まれており、小文字テストでの筆記はフェイズ2で獲得された大文字と小文字の変換を介した行動であるためにノード間距離が延び、結果として小文字の成績が低くなった可能性がある。

般化テストでは多くのケースで筆記反応が生起していた。A児のみローマ字→仮名の1試行目の成績が極端に低いが、これは仮名1文字に相当するローマ字の文字数が1文字の場合と2文字の場合があることが原因であると考えられる。すなわち、Tukue→"つくえ"の場合、「たうかうえ」のように1文字1音で読む行動が見られた。ただし、2試行目には改善が見られた。D児のみ2試行目に正答率が低下しているが、表情などからこれは直前の行事練習などによる疲労が原因となった可能性がある。

社会的妥当性に関する質問紙に対し、教師は肯定的な回答を示した。筆記やテスト（河村，2019）、線結び課題（河村，2020a）、黒板とノートなどの一般的に用いられる手続きであったことが要因であろう。

本研究の課題と制約について述べる。本研究の後には維持や般化を目的としてパソコンでのローマ字によるタイピング練習や英語の授業など、複数の取り組みを行ったために、予後に関するデータは測定できていない。評定者間一致率の算出は一部の書字字形に限っていた。集団指導を行う現場の制約を前提として、アルファベット26文字を同時に視写するなど、多くの刺激（反応）を同時に指導する方法を採用していた。しかし、一般的には一つひとつの刺激間関係を確実に獲得させた後にクラスを拡大する方が有効であり（Buffington et al., 1997；Fields et al., 1997）、訓練とテストを1文字ずつ反復する方が望ましいケースも想定できる。

フェイズ4の訓練プリントには大文字のみが含まれており、ノード間距離が長くなる原因となっていたため、児童によっては小文字も含めた教材が必要となるだろう。

剰余変数の統制が不十分な箇所が多々ある。例えば、大きさや形状などの物理的特性が類似していると等価クラスの形成がしやすくなることが報告されており（青塚，1995；Fields et al., 1991）、本研究では形の類似した「Z/z」などと類似していない「G/g」などの間で課題の難度が同等でないことが予想される。

〈文　献〉

青塚　徹（1995）刺激等価性における物理的特性の機能．行動分析学研究, 8(2), 116-127.

Arntzen, E. & Holth, P.（2000）Equivalence outcome in single subjects as a function of training structure. The Psychological Record, 50(4), 603-628.

Bentall, R. P., Dickins, D. W., & Fox, S. R.（1993）Naming and equivalence: Response latencies for emergent relations. The Quarterly. Journal of Experimental Psychology, 46(2), 187-214.

Buffington, D. M., Fields, L., & Adams, B. J.（1997）Enhancing equivalence class formation by pretraining of other equivalence classes. The Psychological Record, 47(1), 69-96.

Connell, J. E. & Witt, J. C.（2004）Applications of computer-based instruction: Using specialized software to aid letter-name and letter-sound recognition. Journal of Applied Behavior Analysis, 37(1), 67-71.

de Rose, J. C., De Souza, D. G., & Hanna, E. S.（1996）Teaching reading and spelling: Exclusion and stimulus equivalence. Journal of Applied Behavior Analysis, 29(4), 451-469.

Eikeseth, S. & Smith, T.（1992）The development of functional and equivalence classes in high-functioning autistic children: The role of naming. Journal of the Experimental Analysis of Behavior, 58(1), 123-133.

Fields, L. & Verhave, T.（1987）The structure of equivalence classes. Journal of the Experimental Analysis of Behavior, 48(2), 317-332.

Fields, L., Reeve, K. F., Adams, B. J. et al.（1991）Stimulus generalization and equivalence classes: A model for natural categories. Journal of the Experimental Analysis of Behavior, 55(3), 305-312.

Fields, L., Reeve, K. F., Rosen, D. et al.（1997）Using the simultaneous protocol to study equivalence class formation: The facilitating effects of nodal number and size of previously established equivalence classes. Journal of the Experimental Analysis of Behavior, 67(3), 367-389.

Gresham, F. M. & Lopez, M. F.（1996）Social Validation: A unifying concept for school-based consultation research and practice. School Psychology Quarterly, 11(3), 204-227.

Guess, D.（1969）A functional analysis of receptive language and productive speech: Acquisition of the plural morpheme. Journal of Applied Behavior Analysis, 2(1), 55-64.

Guess, D. & Baer, D. M.（1973）An analysis of individual differences in generalization between receptive and productive language in retarded children. Journal of Applied Behavior Analysis, 6(2), 311-329.

河村優詞（2018）小学校知的障害特別支援学級の指導と授業準備の実態調査．日本大学大学院総合社会情報研究科紀要, 19(1), 77-84.

河村優詞（2019）特別支援学級在籍児童における漢字学習方法の効果—5 種類の学習方法間の比較．自閉症スペクトラム研究, 17(1), 15-22.

河村優詞（2020a）特別支援学級在籍児童における漢字復習方法の検討—4 種類の学習方法が書字の再生成績に及ぼす効果．日本大学大学院総合社会情報研究科紀要, 21(1), 97-105.

河村優詞（2020b）知的障害特別支援学級向け漢字指導プログラムの開発に関する研究．日本大学大学院総合社会情報研究科総合社会情報専攻博士後期課程博士論文，未公刊 .

菊地恵美子（1985）精神遅滞児の読み行動変容における見本合わせ法の検討．特殊教育学研究, 22(4), 20-30.

Lee, V. L.（1981）Prepositional phrases spoken and heard. Journal of the Experimental Analysis of Behavior, 35(2), 227-242.

Mackay, H. A.（1985）Stimulus equivalence in rudimentary reading and spelling. Analysis and Intervention in Developmental Disabilities, 5(4), 373-387.

Manabe, K., Kawashima, T., & Staddon, J. E.（1995）Differential vocalization in budgerigars: Towards an experimental analysis of naming. Journal of the Experimental Analysis of Behavior, 63(1), 111-126.

文部科学省（2017）小学校学習指導要領（平成 29 年告示）文部科学省 .

Randell, T. & Remington, B.（1999）Equivalence relations between visual stimuli: The functional role of naming. Journal of the Experimental Analysis of Behavior, 71(3), 395-415.

佐藤隆弘（2002）刺激等価性の成立における共通ネーミングの機能. 行動分析学研究, 16(1), 2-21.

Saunders, R. R., Chaney, L., & Marquis, J. G. (2005) Equivalence class establishment with two-, three-, and four-choice matching to sample by senior citizens. The Psychological Record, 55(4), 539-559.

障害者職業総合センター（2010）広がる知的障害者のパソコンデータ入力業務, 高齢・障害者雇用支援機構 障害者職業総合センター. https://www.nivr.jeed.go.jp/research/report/shiryou/p8ocur00000013yv-att/shiryou55.pdf（2017 年 9 月 8 日アクセス）

Sidman, M., Cresson, Jr., O., & Willson-Morris, M. (1974) Acquisition of matching to sample via mediated transfer. Journal of the Experimental Analysis of Behavior, 22(2), 261-273.

Sidman, M., Kirk, B., & Willson-Morris, M. (1985) Six-member stimulus classes generated by conditional-discrimination procedures. Journal of the Experimental Analysis of Behavior, 43(1), 21-42.

Sidman, M. & Tailby, W. (1982) Conditional discrimination vs. matching to sample: An expansion of the testing paradigm. Journal of the Experimental Analysis of Behavior, 37(1), 5-22.

Sidman, M., Wynne, C. K., Maguire, R. W. et al. (1989) Functional classes and equivalence relations. Journal of the Experimental Analysis of Behavior, 52(3), 261-274.

Stromer, R. & Mackay, H. A. (1993) Delayed identity matching to complex samples: Teaching students with mental retardation spelling and the prerequisites for equivalence classes. Research in Developmental Disabilities, 14(1), 19-38.

Stromer, R., Mackay, H. A., & Stoddard, L. T. (1992) Classroom applications of stimulus equivalence technology. Journal of Behavioral Education, 2(3), 225-256.

Sugasawara, H. & Yamamoto, J. I. (2007) Computer-based teaching of word construction and reading in two students with developmental disabilities. Behavioral Interventions: Theory & Practice in Residential & Community-Based Clinical Programs, 22(4), 263-277.

鈴井理生・桑原正修・大河内浩人（2007）刺激等価性の成立におけるネーミング訓練と比較ノード訓練の機能. 行動分析学研究, 21(2), 76-92.

Witt, J. C. & Elliott, S. N. (1985) Acceptability of classroom intervention strategies. In T. R. Kratochwill (Ed.) (Vol.4, pp.251-288). Hillsdale, NJ: Erlbaum.

Wulfert, E., Dougher, M. J., & Greenway, D. E. (1991) Protocol analysis of the correspondence of verbal behavior and equivalence class formation. Journal of the Experimental Analysis of Behavior, 56(3), 489-504.

Efficacy of stimulus-response networks for teaching Roman letters to special needs class children

Masashi Kawamura (Hachioji City Utsukidai Elementary School / Laboratory of Education for Children with Intellectual Disabilities)

Abstract: This study investigated the efficacy of a Roman letters teaching method for children in elementary school special needs classes using the stimulus equivalence paradigm. Participants were children with intellectual disabilities and/or autism ($N=4$). We mainly used a multiple-baseline design. The procedure included five phases and a generalization test. We mainly taught the responses to the alphabet and the Roman letters using responses derived from the stimulus equivalence paradigm. The independent variables were printed materials, paper cards, oral instructions, blackboards, and notebooks. The dependent variables were the number (or the rate) of accurate, written or verbal responses. The results indicated that all the participants acquired alphabet writing because they could convert between upper and lower cases, spell orally, and read and write Roman letter words. Elementary schools already use the materials used in this study, which increased the social validity of this study's method.

Key Words : Roman letters, the alphabet, reading, writing, special needs classes

令和4年度第2回（近畿支部第11回・北陸支部第15回・本部共催）資格認定講座

《1日目》令和4年10月22日（土）

【講義1　領域：教育】9：00〜10：30　前田宣子（黒部発達相談室）

　「特別支援学校における保護者と連携した自閉スペクトラム教育」

【講義2　領域：心理】11：00〜12：30　笹森理絵（神戸市発達障害ピアカウンセラー・精神保健福祉士）

　「ASDの私が、これまでの人生で感じてきたこと」

【講義3　領域：福祉】13：30〜15：00　太田篤志（プレイジム 代表・日本スヌーズレン協会 会長）

　「スヌーズレンの理念と実践」

《2日目》令和4年10月23日（日）

【講義4　領域：関連】9：00〜10：30　大山隆久（日本理化学工業株式会社）

　「働く幸せを実現するため社員から教わったこと」

【講義5　領域：医療】11：00〜12：30　平谷美智夫（平谷こども発達クリニック）

　「ディスレクシア（DD）を軸にLD・ADHD・自閉スペクトラム症の関連を考察する」

【講義6　領域：アセスメント】13：30〜15：00　永森正仁（長岡技術科学大学）

　「障害のある方ない方が共につくる生涯学習とその工学的支援」

【修了試験】15：20〜16：05

（開催要項）

開催形式：本部事務局からのZoomによるオンライン配信

司会：近畿支部・北陸支部

受講料：1日間（3講義の視聴で）4,500円（非会員の場合は、5,500円）

　　　　2日間（6講義の視聴で）9,000円（非会員の場合は、11,000円）

　　　　修了試験（10月23日）受験料：5,000円（会員のみ受験可）

令和4年度臨時常任理事会

開催形式：本部事務局からのZoomによるオンライン開催

日時：令和4年10月29日（土）17時から18時半

出席者：本田秀夫、吉川徹、東條吉邦、萩原拓、楯誠、坂井聡、伊藤政之

　1．2023年度研究大会の開催場所および会期について

　2．NPO法人、学会名称変更に関する進捗状況の確認

　3．その他

令和4年度第3回（関東甲信越支部第6回・中国四国支部第10回・本部共催）資格認定講座

《1日目》令和4年12月10日（土）

【講義1　領域：心理】9：00〜10：30　五十嵐一枝（国立病院機構 東京医療センター）

　「心理学の基礎知識と自閉症スペクトラム障害」

【講義2　領域：教育】11：00〜12：30　坂井聡（香川大学教育学部 特別支援教育領域）

　「大学における発達障害学生の支援—合理的配慮について考える—」

【講義3　領域：医療】13：30〜15：00　本田秀夫（信州大学医学部 子どものこころの発達医学教室）

　「自閉スペクトラム症の人たちに対する医療の関わり」

《2日目》令和4年12月11日（日）

【講義4　領域：アセスメント】9：00〜10：30　篠田直子（信州大学 学術研究院教育学系）

　「発達障害学生支援におけるアセスメント」

【講義5　領域：福祉】11：00〜12：30　桑原綾子（特定非営利活動法人 ライフサポートここはうす）

　「合理的配慮と自閉症―ライフステージごとにどんな支援を考えていくのか？―」

【講義6　領域：関連】13：30〜15：00　平木真由美（京都市立総合支援学校支援部）

　「発達障害児者へのセクシュアリティ教育―自信を持って伝えられる支援者を目指すために―」

【修了試験】15：20〜16：05

（開催要項）

開催形式：本部事務局からのZoomによるオンライン配信

司会：関東甲信越支部・中国四国支部

受講料：1日間（3講義の視聴で）4,500円（非会員の場合は、5,500円）

　　　　2日間（6講義の視聴で）9,000円（非会員の場合は、11,000円）

　　　　修了試験（12月11日）受験料：5,000円（会員のみ受験可）

令和4年度第4回（北海道支部第17回・九州支部第11回・本部共催）資格認定講座

《1日目》令和5年1月28日（土）

【講義1　領域：心理】9：00〜10：30　髙原朗子（福岡発達障害療育研究所）

　「自閉スペクトラム症の人たちへのサイコドラマ（心理劇）」

【講義2　領域：福祉】11：00〜12：30　塚本由希乃（札幌市自閉症・発達障がい支援センター おがる）

　「発達障害のある人の就労準備支援―大学と協働で行うTransitionOSSプログラム―」

【講義3　領域：教育】13：30〜15：00　片桐正敏（北海道教育大学 旭川校）

　「知的能力の高い、配慮や支援が必要な子どもたち―ギフテッド、2Eの理解と支援―」

《2日目》令和5年1月29日（日）

【講義4　領域：アセスメント】9：00〜10：30　萩原拓（北海道教育大学 旭川校）

　「包括的アセスメントの実際」

【講義5　領域：医療】11：00〜12：30　曾田千重（肥前精神医療センター 療育指導科）

　「行動障害を伴う知的・発達障がい児者の医療」

【講義6　領域：関連】13：30〜15：00　原田啓之（障害福祉サービス事業所PICFA)

　「施設でアート活動を行い発達障がいのある人の人生や仕事を広げる」

【修了試験】15：20〜16：05

（開催要項）

開催形式：本部事務局からのZoomによるオンライン配信

司会：北海道支部・九州支部

受講料：1日間（3講義の視聴で）4,500円（非会員の場合は、5,500円）

　　　　2日間（6講義の視聴で）9,000円（非会員の場合は、11,000円）

　　　　修了試験（1月29日）受験料：5,000円（会員のみ受験可）

『自閉症スペクトラム研究』編集規程および投稿規程 （2022 年 3 月 26 日改定）

編集規程

1. 本誌は日本自閉症スペクトラム学会の機関誌であり、医療、教育、福祉、司法など分野を問わず、自閉症スペクトラムに関連する領域の支援者にとって有用で質の高い情報を提供するものである。論文種別は、自閉症スペクトラムおよび関連領域の原著論文、総説、実践研究、資料、実践報告、調査報告である。なお、原著論文とは理論、臨床、事例、実験、調査などに関するオリジナリティの高い研究論文をいう。
2. 投稿の資格は本学会会員に限る。ただし、最終著者を除く共著者、および常任編集委員会による依頼原稿についてはその限りではない。
3. 投稿原稿は未公刊のものに限る。
4. 原稿掲載の採否および掲載順は編集委員会で決定する。編集にあたり、論文の種別の変更、および字句や図表などの修正を行うことがある。
5. 投稿規程に示した枚数を超過したもの、写真、色刷り図版など、印刷に特に費用を要するものは著者の負担とする。
6. 本誌に掲載された論文などの著作権は本学会に属する。
7. 実践内容や事例の記述に際しては、匿名性に十分配慮すること。
8. 研究は倫理基準に則り、対象者にインフォームド・コンセントを得るとともに、その旨を論文中に明示すること。
9. 当事者や家族などの近親者からの投稿について、研究発表の権利を保障するとともに、対象者の人権やプライバシーなどへの対処が必要とされる場合には、常任編集委員会で検討を行い、会長が判断する。

投稿規程

1. 原稿は原則としてワードプロセッサーを用い、A4 用紙 1,200 字に印字し、通しページを記す。本文・文献・図表・要旨をすべて含めた論文の刷り上がりは、8 頁（約 16,000 字）を上限とする。
2. 投稿の際は、元原稿とコピー 3 部に投稿票（投稿 1）。著者全員の投稿承諾書（投稿 2）を添えて提出すること。掲載決定後、テキスト形式で本文と図表（写真含む）を入れた電子媒体（CD-R、他）を提出する。原稿は原則として返却しない。
3. 原稿の句点は（。）、読点は（、）を用いる。
4. 図表は 1 枚ずつ裏に番号と天地を記し、図表の説明文は別の用紙に一括する。図表の挿入箇所は本文の欄外に、図○、表○と朱書きする。
5. 外国の人名、地名などの固有名詞は原則として原語を用いる。
6. 本文の冒頭に、和文要旨（624 字以内）を記載する。調査報告、実践報告以外の投稿区分においては和文要旨に加えて英文要旨と和訳を別の用紙に記載する。本文は、原則として、問題の所在および目的、方法、結果、考察、結論、文献の順に並べ、最後に表、図、図表の説明文を付す。
7. 本文中に引用されたすべての文献を、本文の最後に著者のアルファベット順に並べ、本文中には著者名と年号によって引用を表示する。
   文献欄の表記の形式は、雑誌の場合は、「著者名（発行年）題名．雑誌名，巻数（号数），開始ページ－終了ページ．」とし、単行本等からの部分的な引用の場合は、「引用部分の著者名（発行年）引用部分の題名．図書の著者名，または編者名（編）書名．発行社名，最初のページ－最終ページ．」とする。
   インターネット上の情報の引用はできるだけ避け、同一の資料が紙媒体でも存在する場合は、紙媒体のものを出典とすることを原則とする。ただし、インターネット上の情報を引用する場合には、その出典を明記するとともに、Web 上からの削除が予想されるので、必ずコピーをとって保管し、編集委員会からの請求があった場合、速やかに提出できるようにする。インターネット上の情報の引用は著者名（西暦年）資料題名．サイト名，アップロード日，URL（資料にアクセスした日）とする。
   本文中の引用では、筆者の姓、出版年を明記する。著者が 2 名の場合は、著者名の間に、和文では「・」を、欧文では「&」を入れる。3 名以上の場合は、筆頭著者の姓を書き、その他の著者名は「ら」（欧語の場合 "et al."）と略す。カッコ中に引用を列挙する場合は、引用順を文献欄の順に準ずる。

   ■文献欄の表記の例
   和文雑誌：
   中根　晃（2000）高機能自閉症の治療と学校精神保健からみた診断困難例．臨床精神医学，29, 501-506.
   欧文雑誌：
   Klin, A., Volkmar, F. R., Sparrow, S. S. et al.（1995）Validity and neuropsychological characterization of asperger syndrome: Convergence with nonverbal learning disabilities syndrome. Journal of Child Psychology and Psychiatry, 36, 1127–1140.
   訳書のある欧文図書：
   Ornitz, E. M.（1989）Autism at the interface between sensory and information processing. In Dawson, G.（Ed.）Autism: Nature, Diagnosis, and Treatment. The Guilford Press, pp.174–207.（野村東助・清水康夫監訳（1994）自閉症―その本態，診断および治療．日本文化科学社，pp.159–188.）

インターネットの資料：
中央教育審議会（2012）共生社会の形成に向けたインクルーシブ教育システム構築のための特別支援
教育の推進（報告）．文部科学省, 2012 年 7 月 23 日, http://www.mext.go.jp/b_menu/shingi/chukyo/
chukyo3/044/attach/1321669.htm（2020 年 6 月 15 日閲覧）．
The Japanese Association of Special Education（2010）Organization. The Japanese Association of
Special Education, January 28, 2010, http://www.jase.jp/eng/organization.html（Retrieved October 9,
2010）．

■本文中の引用の例
…と報告されている（Bauman & Kemper, 1985 ; Dawson et al., 2002）。
吉田・佐藤（1996）および、中山ら（2002）によれば、…

8.　印刷の体裁は常任編集委員会に一任する。
9.　原稿送付先　〒112-0005　東京都文京区水道 1-5-16　升本ビル
　　　　　　　　金剛出版　「自閉症スペクトラム研究」編集部
　　　　　　　　（電話 03-3815-6661　FAX 03-3818-6848　e-mail : ttateishi@kongoshuppan.co.jp）

「自閉症スペクトラム研究」投稿票

論文の種類：下記の中からひとつを選び、〇で囲む

原著論文　　総説　　実践研究　　資料　　実践報告　　調査報告
その他（　　　　　　　　　　　　　　　　）

論文の題名：＿＿＿＿＿＿＿＿＿＿＿＿＿＿＿＿＿＿＿＿＿＿＿＿＿＿＿
　　　　　　＿＿＿＿＿＿＿＿＿＿＿＿＿＿＿＿＿＿＿＿＿＿＿＿＿＿＿
　　　　　　＿＿＿＿＿＿＿＿＿＿＿＿＿＿＿＿＿＿＿＿＿＿＿＿＿＿＿
　（英訳）：＿＿＿＿＿＿＿＿＿＿＿＿＿＿＿＿＿＿＿＿＿＿＿＿＿＿＿
　　　　　　＿＿＿＿＿＿＿＿＿＿＿＿＿＿＿＿＿＿＿＿＿＿＿＿＿＿＿
　　　　　　＿＿＿＿＿＿＿＿＿＿＿＿＿＿＿＿＿＿＿＿＿＿＿＿＿＿＿
　　　　　　＿＿＿＿＿＿＿＿＿＿＿＿＿＿＿＿＿＿＿＿＿＿＿＿＿＿＿

筆頭著者氏名：＿＿＿＿＿＿＿＿＿＿＿＿　所属：＿＿＿＿＿＿＿＿＿＿＿
　（英訳）：氏　名＿＿＿＿＿＿＿＿＿＿＿
　　　　　　所　属＿＿＿＿＿＿＿＿＿＿＿＿＿＿＿＿＿＿＿＿＿＿＿＿＿

共著者氏名　：＿＿＿＿＿＿＿＿＿＿＿＿　所属：＿＿＿＿＿＿＿＿＿＿＿
　（英訳）：氏　名＿＿＿＿＿＿＿＿＿＿＿
　　　　　　所　属＿＿＿＿＿＿＿＿＿＿＿＿＿＿＿＿＿＿＿＿＿＿＿＿＿

共著者氏名　：＿＿＿＿＿＿＿＿＿＿＿＿　所属：＿＿＿＿＿＿＿＿＿＿＿
　（英訳）：氏　名＿＿＿＿＿＿＿＿＿＿＿
　　　　　　所　属＿＿＿＿＿＿＿＿＿＿＿＿＿＿＿＿＿＿＿＿＿＿＿＿＿

共著者氏名　：＿＿＿＿＿＿＿＿＿＿＿＿　所属：＿＿＿＿＿＿＿＿＿＿＿
　（英訳）：氏　名＿＿＿＿＿＿＿＿＿＿＿
　　　　　　所　属＿＿＿＿＿＿＿＿＿＿＿＿＿＿＿＿＿＿＿＿＿＿＿＿＿

（足りない場合は別紙を使用する）

第1著者の住所：〒＿＿＿＿＿＿＿＿＿＿＿＿＿＿＿＿＿＿＿＿＿＿＿＿＿
　　　　　　　　いずれかに〇印を付ける（**自宅・勤務先**）
　　　　　　　　TEL＿＿＿＿＿＿＿＿＿＿＿　FAX＿＿＿＿＿＿＿＿＿＿＿
　　　　　　　　e-mail＿＿＿＿＿＿＿＿＿＿＿＿＿＿＿＿＿＿＿＿＿＿＿

キーワード（3〜5語）：
　（和文）①＿＿＿＿＿＿＿＿＿　②＿＿＿＿＿＿＿＿＿　③＿＿＿＿＿＿＿＿＿
　　　　　④＿＿＿＿＿＿＿＿＿　⑤＿＿＿＿＿＿＿＿＿
　（英訳）①＿＿＿＿＿＿＿＿＿＿＿＿＿　②＿＿＿＿＿＿＿＿＿＿＿＿＿
　　　　　③＿＿＿＿＿＿＿＿＿＿＿＿＿　④＿＿＿＿＿＿＿＿＿＿＿＿＿
　　　　　⑤＿＿＿＿＿＿＿＿＿＿＿＿＿

投 稿 承 諾 書

　下記の論文を「自閉症スペクトラム研究」に投稿いたします。本論文が掲載された場合、その著作権は日本自閉症スペクトラム学会に帰属することを承認いたします。なお、本論文は他紙に掲載済みのもの、あるいは掲載予定のものではありません。

筆頭著者：氏　名＿＿＿＿＿＿＿＿＿＿＿＿＿＿＿㊞
　　　　　所　属＿＿＿＿＿＿＿＿＿＿＿＿＿＿＿＿＿＿＿＿

論文の題名：＿＿＿＿＿＿＿＿＿＿＿＿＿＿＿＿＿＿＿＿＿＿＿＿＿＿＿＿＿＿＿＿

　　　　　　＿＿＿＿＿＿＿＿＿＿＿＿＿＿＿＿＿＿＿＿＿＿＿＿＿＿＿＿＿＿＿＿

共　著　者：氏　名＿＿＿＿＿＿＿＿＿＿＿＿＿＿＿㊞
　　　　　　所　属＿＿＿＿＿＿＿＿＿＿＿＿＿＿＿＿＿＿＿＿

共　著　者：氏　名＿＿＿＿＿＿＿＿＿＿＿＿＿＿＿㊞
　　　　　　所　属＿＿＿＿＿＿＿＿＿＿＿＿＿＿＿＿＿＿＿＿

共　著　者：氏　名＿＿＿＿＿＿＿＿＿＿＿＿＿＿＿㊞
　　　　　　所　属＿＿＿＿＿＿＿＿＿＿＿＿＿＿＿＿＿＿＿＿

共　著　者：氏　名＿＿＿＿＿＿＿＿＿＿＿＿＿＿＿㊞
　　　　　　所　属＿＿＿＿＿＿＿＿＿＿＿＿＿＿＿＿＿＿＿＿

共　著　者：氏　名＿＿＿＿＿＿＿＿＿＿＿＿＿＿＿㊞
　　　　　　所　属＿＿＿＿＿＿＿＿＿＿＿＿＿＿＿＿＿＿＿＿

共　著　者：氏　名＿＿＿＿＿＿＿＿＿＿＿＿＿＿＿㊞
　　　　　　所　属＿＿＿＿＿＿＿＿＿＿＿＿＿＿＿＿＿＿＿＿

共　著　者：氏　名＿＿＿＿＿＿＿＿＿＿＿＿＿＿＿㊞
　　　　　　所　属＿＿＿＿＿＿＿＿＿＿＿＿＿＿＿＿＿＿＿＿

＿＿＿＿＿年＿＿＿＿＿月＿＿＿＿＿日　提出

投稿論文の作成の手引き

1. 投稿された原稿は、査読の上で掲載の可否を決定する。また、掲載順は編集委員会が決定する。
   原稿の内容・表現の仕方などについて、専門家による校閲が行われるため、投稿者による検討により多少の変更が生じる場合がある。

2. 原稿は、ワードプロセッサーで作成するものとし、A4版横書きで作成する。本文の1ページ内の書式は24字×45行×2段（明朝体、欧文綴りや数字は半角）とする。ただし、表題入りページは下図のようにする。句読点は「、」「。」を使用する。原稿には通しページをつける。

3. 論文の分量は、原則として刷り上がり8ページ（図表、参考文献も含む）を上限とする。

4. 原稿の最初のページの表題部分は、①題目（ゴシック体15ポイント）、②著者名（ゴシック体9ポイント）、③所属（ゴシック体9ポイント）を日本語で記載する。また、①～③についての英語表記（欧文書体8ポイント）を記載する。

5. 表題の下の『要旨』は624文字以内で記載し、またその下の『キーワード』は3～5語で記載する。

6. 見出し（ゴシック体11ポイント）と小見出し（ゴシック体9ポイント）には、段落番号を以下の順番で振る。下位の段落番号は必要に応じて使用する。

Ⅰ. → 1. → (1) → ① → a)

見出し11ポイント　　　以下小見出し9ポイント

7. 挿図がある場合は、図中の文字や数字が直接印刷できるように鮮明に作成する。図や表にはそれぞれに通し番号とタイトルをつけ、本文とは別に番号順に一括する。
   例：表1◇◇◇◇（表の上に記載　8ポイント　ゴシック体　表の幅で中央揃え）
   　　　図1◇◇◇◇（図の下に記載　8ポイント　ゴシック体　図の幅で中央揃え）

8. 文献は、本文に用いられたもののみをあげ、著者のアルファベット順に本文の最後に一括記載する。

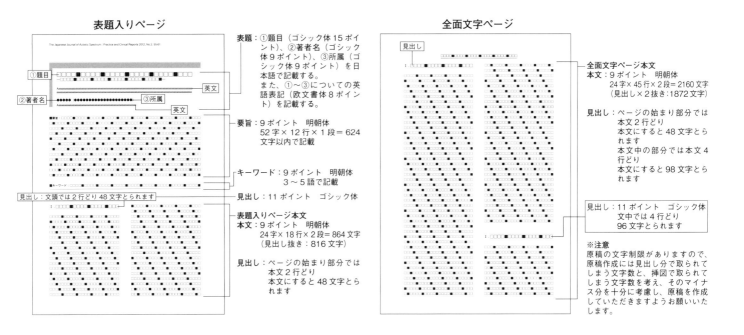

原著における事例研究、実践研究、実践報告の原稿作成にあたって

「原著における事例研究」、「実践研究」または「実践報告」の原稿作成にあたっての基本的な構成、文献記載の仕方等の諸注意を記述する。必要に応じて参考にすること。なお、これらの研究・報告論文は、実践対象となる人々に対してあるべき指導・支援や環境設定を探求するものであり、また、指導・支援者にとっては実践を進めていくための手がかりになることをねらいとしている。そのため、できるだけ客観性やわかりやすさに留意して執筆すること。ここでは「特異例の症例報告」や「小集団指導報告」（小林，2012）ではない指導を中心におく論文作成について説明する。

1. 投稿者は　1）原著論文、2）実践研究、3）実践報告　のいずれかを明記する（査読者・編集委員会の判断により変更を要請することがある）。
2. 投稿原稿作成にあたっては「投稿規定」「作成手引き」に原則的に従う。
3. 事例をとりあげる際には個人が特定されないようプライバシーの保護に最大限留意し、対象者や保護者、場合によっては所属機関について文書による承諾を得なければならない。対象者の年齢、障害の種類や程度によっては説明の理解、署名が困難な場合があり、その場合は保護者による代諾となるが、著者はできるだけ対象者本人にわかりやすく説明する努力を行う。
   1）原著における事例研究：先行研究のレビューが適切になされ、新たな発見や証明などに関する学術的な独創性が見られること；①対象者が特にユニークな特徴を持ち、それらをどのように分析し、アプローチを考案したか。②アプローチの場の設定や教材・器具などに、またアセスメントや指導・支援の目標・手順・技法などに積極的な新機軸が認められるか。③指導・支援の実践・記録・考察が高レベルであると判断できるか、などについて明確に記述されていると判断されることがポイントとなる。
   2）実践研究：先行研究のレビューが適切になされていること、しかし新たな発見や証明などに関する学術的な独創性については厳しく問わない。先行資料（研究論文・実践研究など）と同様の方法・手順・分析であってもよい。対象事例、指導手続きが具体的に記述され、データはできるだけ客観的な指標を用い、考察は先行研究と対比されてなされていること。
   3）実践報告：先行研究のレビューや独創性は必須ではないが「作成手引き」に従って体裁が整えられ、実務に従事する会員が「教材」「指導法」その他についてヒントを得たりするなどのメリットが期待される。
4. 原著論文における事例研究、実践研究、実践報告にあっては、単一事例または小集団例の研究が中心となるが、学級集団などのグループ指導も含まれる。いずれの場合においても対象者や集団の生き生きとしたイメージの記述が期待され、読者（会員）の参考となり得るものが要請される。

【基本的な構成】
Ⅰ．問題の所在と目的
　　問題提起と本稿での報告目的を述べる。その際、できるだけ関連する先行研究を引用しながら、実践の位置づけや根拠を述べることが望ましい。
Ⅱ．方法
　　以下の項目を参考にしながら、対象者、指導や支援の方法について具体的に述べる。対象者の記述に関しては個人が特定されないよう留意した表現を用いるとともに、対象者（代諾者）からの許諾とその方法について明記する。
　　1.対象者：基本事項（年齢・性別・所属）・主訴・生育史
　　2.アセスメント
　　　1）対象者と環境、そしてそれらの相互作用の評価と理解
　　　2）目標と仮説；指導・支援の方向・手順・場の提案
　　　　（1）指導・支援の実際1：アプローチの方法と技法

（2）指導・支援の実際2：評価

Ⅲ．結果（経過）

結果または経過について具体的、実証的に記述する。その際、実践の開始前や開始当初の実態が示されていると、参加者の変容や指導・支援の成果を確認しやすい。また、結果の記述にあたっては、逸話を含めながら、参加者の生活や行動の変容をできるだけ客観的に示すことが望ましい。なお、実践担当者以外の関係者から捉えた指導・支援に関する評価（社会的妥当性）などが示されていると、指導・支援の成果を総合的に捉えることができる。

Ⅳ．考察

指導や支援の効果について、論理的に考察する。考察の展開にあたっては、冒頭に、実践において何を目的としたのか、またその目的は達成されたかどうかを端的に示す。次に、指導・支援の経過を踏まえて、生活や行動の変容をもたらした働きかけを指摘するとともに、先行研究と比較しながら、それらの働きかけが効果的であった要因や、それらの効果を促進した要因について具体的に検討を加える。一方、生活や行動の変容が十分にみられなかった実践でも、今後の手がかりとなる重要な知見が含まれている可能性がある。そのときは、計画した働きかけが有効に機能しなかった要因や、変容を阻害した要因について具体的に述べる。最後に、対象者の将来予測と今後の支援指針について、更に技法・体制・制度への提言も期待される。

【文献の記載の仕方】

「投稿規程」に従って記述する。

編集後記

終わりの見えないCOVID-19の流行でさまざまな活動への制限が続く中、引き続き会員の皆様より積極的な論文投稿をいただき、第20巻2号を皆様にお届けできることをとても嬉しく思います。私事ですが、自分もこの編集期間中にCOVID-19に感染いたしました。幸い比較的軽症ですんだのですが、やはり思うようには動けず、その間に編集作業が滞ることもあったのですが、この新しい編集委員会体制も軌道に乗りつつあり、皆様のおかげで、無事刊行にこぎつけることができました。

2022年には計26編の新規の論文投稿をいただきました。論文のテーマや扱われている領域もますます広がりを見せており、我が国の自閉スペクトラム症のある方への支援において、本誌が果たしている役割などを改めて考えさせられる1年でもありました。今後も実証的な根拠に基づく支援がますます広がっていくよう、会員の皆様には引き続き、ご研究や実践の内容を投稿していただければと思います。どうぞよろしくお願い申し上げます。

（吉川　徹）

本論文集に掲載された著作物の転載およびデータベースへの取り込み等に関しては、そのつど事前に本学会に許諾を求めてください。また本誌および本学会に関するお問い合わせや入会の申し込み等も、下記までお願いいたします。

日本自閉症スペクトラム学会事務局
〒 273-0866　千葉県船橋市夏見台 3-15-18
電話 047-430-2010　FAX 047-430-2019
E-mail　shikaku@autistic-spectrum.jp

自閉症スペクトラム研究　第 20 巻　第 2 号

2023 年（令和 5 年）2 月 28 日発行

編集者「自閉症スペクトラム研究」編集委員会
代表者　吉川　徹

発行者　日本自閉症スペクトラム学会
代表者　本田　秀夫

制　作　株式会社　金剛出版